★ 职业教育城市轨道交通专业精品教材 ★

Chengshi Guidao Jiaotong Diandong Lieche Jiashi
城市轨道交通电动列车驾驶

薛宏娇　主　编
贾天丽　董晓净　魏宝举　副主编

人民交通出版社股份有限公司
北京

内 容 提 要

本书是职业教育城市轨道交通专业精品教材,根据国家职业标准,参照轨道交通企业对电动列车司机的岗位要求,以司机一次标准化作业过程和非正常情况的处理为主线展开,具体内容包括列车驾驶基础知识、出退勤与交接班作业、出入车辆段作业、正线运行及驾驶作业、折返作业、车辆段内调车作业、列车故障处理及操作、行车突发事件处理及操作,共8个单元。学生通过学习本书,能基本达到电动列车司机岗位的理论知识要求和技能要求。

本书可供城市轨道交通相关专业教学使用,也可供从事城市轨道交通乘务工作的从业人员和培训人员参考学习。

图书在版编目(CIP)数据

城市轨道交通电动列车驾驶/薛宏娇主编. —北京:人民交通出版社股份有限公司,2021.1
ISBN 978-7-114-16872-7

Ⅰ.①城… Ⅱ.①薛… Ⅲ.①城市铁路—电力动车—驾驶术—职业教育—教材 Ⅳ.①U266.2

中国版本图书馆 CIP 数据核字(2020)第 183873 号

书　　名:	城市轨道交通电动列车驾驶
著 作 者:	薛宏娇
责任编辑:	时　旭
责任校对:	孙国靖　宋佳时
责任印制:	张　凯
出版发行:	人民交通出版社股份有限公司
地　　址:	(100011)北京市朝阳区安定门外外馆斜街 3 号
网　　址:	http://www.ccpcl.com.cn
销售电话:	(010)59757973
总 经 销:	人民交通出版社股份有限公司发行部
经　　销:	各地新华书店
印　　刷:	北京市密东印刷有限公司
开　　本:	787×1092　1/16
印　　张:	12.25
字　　数:	278 千
版　　次:	2021 年 1 月　第 1 版
印　　次:	2021 年 1 月　第 1 次印刷
书　　号:	ISBN 978-7-114-16872-7
定　　价:	32.00 元

(有印刷、装订质量问题的图书由本公司负责调换)

Preface 前言

随着我国城镇化规模不断扩大,人员流动与机动车数量快速增加,现有城市交通基础设施面临着巨大的挑战。城市轨道交通对改善现代城市交通拥堵局面、调整和优化城市区域布局、促进国民经济发展发挥的作用,已是不容置疑的客观现实。在城市化进程加快、新一线城市经济崛起的背景下,我国城市轨道交通迎来快速发展,城市轨道交通运营规模不断扩大,城市轨道交通运营人才紧缺问题亟待解决。

本套城市轨道专业教材自2010年出版以来,在教学、科研和培训工作中发挥了很大的作用,深受使用院校师生的好评。为体现城市轨道交通发展中新技术、新材料、新设备、新工艺和新标准的应用,更好地适应职业教育"校企合作,工学结合"的人才培养模式,满足实际教学需求,人民交通出版社股份有限公司根据使用院校师生反馈的意见和建议,组织相关专业教师、企业技术人员,对本套教材进行了全面修订。

本书是根据教育部发布的教学标准,新增加的一本专业课教材。本书遵循职业教育"以必需、够用为度"的原则,"以就业为导向,以服务为宗旨"的指导思想,按照电动列车司机职业岗位工作需要,精选适合的专业理论知识,依据岗位工作流程提炼符合岗位需求的实训任务,配合大量的图片、案例和适当的复习思考题,编写了8个单元,分别为列车驾驶基础知识、出退勤交接班作业、出入车辆段作业、正线运行及驾驶作业、折返作业、车辆段内调车作业、列车故障处理及操作和行车突发事件处理及操作。本书可供城市轨道交通相关专业教学使用,也可供从事城市轨道交通乘务工作的从业人员和培训人员参考学习。

本书由北京电子科技职业学院薛宏娇(单元1、单元8),北京市自动化工程学校贾天丽(单元4)与李桃(单元7),北京市对外贸易学校董晓净(单元2)、张大伟(单元3)与王秀芬(单元6),北京铁路电气化学校魏宝举(单元5)共同编写。在编写过程中,北京地铁运营分公司、京港地铁有限公司工作人员给予了技术与实践指导,在此对他们表示衷心感谢。

限于编者水平,书中难免有疏漏和错误之处,恳请广大读者提出宝贵建议,以便进一步修改和完善。

编 者
2020年7月

Contents 目录

单元 1　列车驾驶基础知识	1
1.1　电动列车主要类型	1
1.2　列车运行基础环境	5
1.3　列车运行组织基础	20
复习思考题	40
单元 2　出退勤与交接班作业	41
2.1　基本要求	41
2.2　出勤	43
2.3　交接班作业	44
2.4　退勤	45
实训任务一　乘务员出勤	45
实训任务二　乘务员退勤	47
复习思考题	48
单元 3　出入车辆段作业	49
3.1　列车基本操作	49
3.2　列车静态检查	52
3.3　出车辆段作业	58
3.4　入车辆段作业	59
实训任务一　列车送电前检查	61
实训任务二　列车静态调试	62
实训任务三　出车辆段作业	65
复习思考题	66
单元 4　正线运行及驾驶作业	67
4.1　列车自动控制系统	67
4.2　列车运行组织与调整	73
4.3　正线运行标准化操作	76
4.4　正线驾驶站台作业	85

  4.5 列车广播 ……………………………………………………………… 89
  实训任务一 列车正线驾驶 ………………………………………………… 94
  实训任务二 列车站台作业 ………………………………………………… 97
  实训任务三 广播作业 ……………………………………………………… 99
  复习思考题 ……………………………………………………………… 101

单元 5 折返作业 ………………………………………………………… 102
  5.1 列车折返概述 …………………………………………………… 102
  5.2 终点站折返 ……………………………………………………… 109
  5.3 中间站折返作业 ………………………………………………… 113
  实训任务 列车折返作业 …………………………………………………… 115
  复习思考题 ……………………………………………………………… 117

单元 6 车辆段内调车作业 ………………………………………………… 118
  6.1 调车作业 ………………………………………………………… 118
  6.2 洗车作业 ………………………………………………………… 126
  实训任务一 手信号的表达 ………………………………………………… 129
  实训任务二 车辆段内调车作业 …………………………………………… 130
  实训任务三 列车洗车 ……………………………………………………… 130
  复习思考题 ……………………………………………………………… 131

单元 7 列车故障处理及操作 ……………………………………………… 132
  7.1 车门故障的处理 ………………………………………………… 132
  7.2 制动故障的处理 ………………………………………………… 139
  7.3 辅助回路故障的处理 …………………………………………… 142
  7.4 主回路故障的处理 ……………………………………………… 145
  7.5 其他故障处理 …………………………………………………… 149
  实训任务一 车门控制及相关信息指示检查 ……………………………… 153
  实训任务二 车辆制动功能检查及故障处理 ……………………………… 155
  实训任务三 列车辅助电源系统检查及故障处理 ………………………… 157
  实训任务四 列车升弓及牵引动态试验与故障处理 ……………………… 158
  实训任务五 司机室功能检查与故障处理 ………………………………… 160
  复习思考题 ……………………………………………………………… 161

单元 8 行车突发事件处理及操作 ………………………………………… 162
  8.1 列车冒进信号的处理及操作 …………………………………… 162
  8.2 列车区间停车时的处理及操作 ………………………………… 164
  8.3 信号系统故障下列车运行处理及操作 ………………………… 168

8.4　接触轨停电的处理及操作 …………………………………………………… 170
8.5　火灾情况下的行车处理及操作 ………………………………………………… 172
实训任务一　列车冒进信号的处理及操作 …………………………………………… 177
实训任务二　列车区间停车时的处理及操作 ………………………………………… 178
实训任务三　信号系统故障下列车运行处理及操作 ………………………………… 181
实训任务四　接触轨停电的处理及操作 ……………………………………………… 182
实训任务五　火灾情况下的行车处理及操作 ………………………………………… 184
复习思考题 ……………………………………………………………………………… 185

参考文献 …………………………………………………………………………………… 186

单元 1 列车驾驶基础知识

教学目标

1. 掌握城市轨道交通列车的类型；
2. 掌握列车运行基础环境，列车运行图、行车闭塞法与行车信号的含义；
3. 掌握基于无线通信的列车自动控制系统工作原理。

建议学时

6 学时

1.1 电动列车主要类型

1.1.1 客运列车

在现代城市轨道交通中，客车车辆也称电客车，它一般是以电力牵引、动车组形式编组，其主要任务是载客。

1）客车车辆的分类

城市轨道交通客车车辆有多种形式，一般分为带司机室的拖车(简称 A 车)、无司机室带受电弓的动车(简称 B 车)和无司机室不带受电弓的动车(简称 C 车)3 种。

动车即为自身具有动力装置，具有牵引与载客双重功能的车辆；拖车为不装备动力装置，需具有动力牵引功能的车辆牵引拖带的车辆，其仅有载客功能。

A 车为一侧贯通式车厢，B 车、C 车为两侧贯通式车厢，这样便于乘客在编组成列时任意走动。A 车在司机室一端装设有可开启的乘客紧急疏散装置，乘客在列车发生故障或发生其他意外情况下不能经由列车侧门下车时，可通过该疏散装置疏散。

2）客车车辆的编号

每节客车车辆都对应唯一一个车辆编号，以便于故障统计和维修资料库的建立，同时也便于运营人员对车辆进行定位。

客车车辆编号适宜用一个字母加 3 位数来表示。例如，客车车辆编号为 A102，其中 A

代表 A 车型,102 代表此类型车辆的序列号,序列号的最前一位表示线别,如 1 表示 1 号线,9 表示 9 号线;02 为各线别供货商供车辆的序号,即 102 为 1 号线的第二辆车。

3)客车编组

客车的编组辆数根据线路高峰小时最大断面客流量、车辆载客标准、最小行车间隔、列车满载率及在初期、远期配备列车相互配套等要求来确定。

当客车采用 6 节编组时,一般排列为:

$$A + B + C + C + B + A$$

当采用 8 节编组时,一般排列为:

$$A + B + C + B + C + C + B + A$$

这样就能保证列车两端均带有司机室,中间各车以缓冲装置进行连接,客室内以贯通道贯通,乘客可以任意走动。客车 6 节编组的形式如图 1-1 所示。

图 1-1 客车 6 节编组形式图

4)客车车门编号

组织行车时,为了便于工作人员快速、准确地找到客车的指定部位,为处理故障或突发事件节省时间,须对客车车门和车辆端位进行编号。

如图 1-2 所示,每种车型的 1 位端定义如下(另一端定义为 2 位端)。

A 车:全自动车钩处的车端为 1 位端;

B 车:远离受电弓的一端为 1 位端;

C 车:半永久牵引杆处的车端为 1 位端。

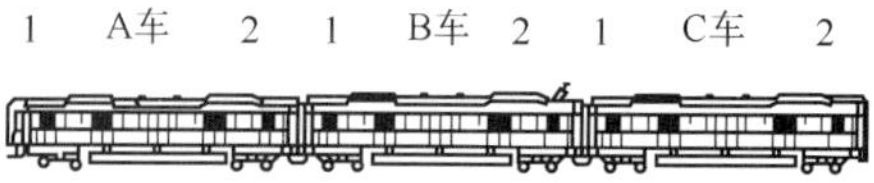

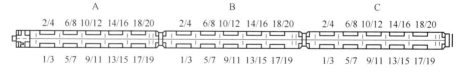

图 1-2 客车 1 位端、2 位端的定义

车辆右侧门、左侧门的定义如下:

当从车辆的 2 位端向 1 位端看去时,人的右侧定义为车辆的右侧,另一侧定义为左侧。

客车车门编号原则如下:

每节车辆的左侧门扇用 1~19 中的奇数连续编号,每节车辆的右侧门扇用 2~20 中的偶数连续编号。左侧 1/3 号门,右侧 2/4 号门是最靠近 1 位端的车门,如图 1-3 所示。

A	B	C
2/4 6/8 10/12 14/16 18/20	2/4 6/8 10/12 14/16 18/20	2/4 6/8 10/12 14/16 18/20
1/3 5/7 9/11 13/15 17/19	1/3 5/7 9/11 13/15 17/19	1/3 5/7 9/11 13/15 17/19

图 1-3 客车车门编号

5)客车车次

车次号用于定位客车的行程。在一条轨道交通线路中,当日运营时间内的车次号是唯一的。客车车次可用 4 位编码来表示,其中前两位代表客车服务号,后两位代表行程。例如,客车车次为0201,02代表客车服务号,01代表行程,奇数行程代表下行,偶数行程代表上行。

客车服务号为两位编码,与运营时刻表相对应,并且在当日运营时间内是有效且唯一的。列车服务号对下列计划有参考作用:实际客车作业计划(哪一客车指定哪一次行程)、客车司机的计划和实际值班表(哪一位司机在何时、哪一客车当值)。一般客车服务号采用数字01~99来表示,根据需要还可以用不同区间的数序来分别代表普通客车、空客车、调试车、专列等的客车服务号。例如,01~79代表普通客车,80~89代表空客车,90~97代表调试车,98~99代表专列等。

除了车次号外,还有一种客车标识码,称为客车识别号。客车识别号用于监控客车运行和客车状态,由6位编码组成,其前两位为目的号,后4位为车次号。

目的号与行程目的有关,用来指定客车的运行方向、折返方式和服务类型,一般在各运营公司的行车组织规则中直接定义。

1.1.2 救援列车

当线路上的电客车或工程列车发生故障时,前去抢修故障车的列车称为救援列车,可由电客车、内燃机车等担当。

内燃机车使用柴油机动力(图1-4),一般用于城市轨道交通工程领域,但在特殊情况下(如接触网、供电系统发生大型故障时),可承担电客车救援、调动等任务。

1)救援列车的开行原则

当列车在线路上由于发车故障而不能动车时,由控制中心主任调度员确定是否救援。如果实施救援,则需开行救援列车。

当客车担任救援列车时,必须在被救援列车后方站(相对于运行方向)清客,空车前往进行

图1-4 地铁内燃机车

救援;如客车在区间不能空车前往进行救援,需组织故障列车和救援列车在最近的车站清客;已申请救援的列车不准动车,司机应打开被救援列车两端的标志灯或设置红闪灯作为防护信号,并做好与救援列车的连挂准备工作。

被救援列车停在区间时,行车调度员须发布封锁区间线路的命令。当向封锁区间发出救援列车时,不办理行车闭塞手续,以行车调度员的救援列车开行命令作为进入该封锁线路的许可。

救援列车应在距离被救援列车15m处停车,听候救援列车司机的指挥连挂。救援列车推进被救援列车运行时,司机需在救援列车前端司机室(相对于运行方向)驾驶,被救援列车前端司机室需由司机或列车引导员进行引导,运行限速为25km/h;救援列车牵引被救援列车运行时,司机需在救援列车前端司机室驾驶,限速为30km/h。

2)救援列车的车次号

救援列车的车次号用3位编码表示,如开行车次编号为601~699等。

1.1.3 工程列车

工程列车是指进入正线运行的、用于配合施工作业的列车。

工程列车可以是单独一台内燃机车或其他专用作业车,也可以是由几种作业车辆编组而成的列车。城市轨道交通运营企业运用的工程车辆主要有轨道车、钢轨打磨车、轨道起重车、接触网放线车、接触网架线车、平车等。其中,采用接触轨系统的运营企业就不需要用到接触网相关的作业车型。

1)轨道车

轨道车是一种用于铁道设备维修、大修、基建作业的内燃机车。在施工作业过程中用来牵引装载物料或设备的平车,日常情况下可在段(场)内(特殊情况下也可在正线)用于牵引或推送无动力的电动客车,如图1-5所示。

2)钢轨打磨车

钢轨打磨车是用于打磨轨道轨头表面不均匀部位的专业轨道维修车辆,它通常由一辆动力车和若干辆打磨作业车组成。多个磨头可同时作业,通过列车控制系统对不同的钢轨缺陷,采取多种模式实施快速打磨,如图1-6所示。

图1-5 轨道车

图1-6 钢轨打磨车

3)轨道起重车

轨道起重车由自带动力的车体、司机室、液压伸缩吊臂及支腿组成,可用于线路施工、维修时的起重、装卸、牵引作业和接触网立杆架线作业,并可与其他车辆连挂组成抢修专列,如图1-7所示。

图1-7 轨道起重车

4）接触网放线车

接触网放线车用于接触网导线和承力索的架设,如图1-8所示。

图1-8　接触网放线车

5）接触网架线车

接触网架线车用于电气化接触网的架线、维修、更换等工作,也可用作牵引车,满足接触网各种施工需要,如图1-9所示。

图1-9　接触网架线车

6）平车

平车是铁道上大量使用的通用车型,无车顶和车厢挡板,装卸较方便,必要时可装运超宽、超长的货物,自重较小,装运吨位可相应提高。平车主要用于装运大型机械、钢轨等施工物料和设备,如图1-10所示。

图1-10　平车

1.2　列车运行基础环境

1.2.1　线路与限界

1）线路

城市轨道交通线路有不同的敷设方式,可分为地下线、地面线和高架线。地下线即敷设在地下隧道里的线路,是对城市环境影响最小的一种敷设方式,因此通常在城市中心地区采用,避免对地面建筑和道路造成较大影响;地面线即敷设在地面上的线路,为了保证城市轨道交通车辆的快速运行,一般采用专用道形式,因此地面线通常在有条件的城市道路或郊区采用,避免对城市道路造成较大影响;高架线即敷设在高架桥上的线路,这种方式介于地面线和地下线之间,既保持了专用道的形式,占地又少,减少了对城市交通的干扰。不同的城市轨道交通线路敷设方式对应着不同的行车组织设备和不同的行车组织方法。

同时,根据行车组织的需要,不同地点的城市轨道交通运营线路发挥着不同的作用,以确保行车组织的有序和安全。城市轨道交通线路按其在运营中的作用不同,分为正线、辅助线和车场线。

(1)正线。

正线是指贯穿所有车站、区间,供列车载客运营的线路。在正线中,车站两端墙内方的线路为站内线路,称为车站正线;两相邻车站相邻端墙间的线路范围为区间正线,如图1-11所示。

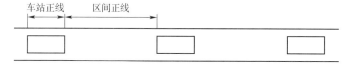

图1-11 正线

城市轨道交通系统的正线采用上下行分行,实行右侧行车惯例。由于正线行车速度高、密度大,线路标准要求高,一般采用60kg/m以上类型钢轨进行敷设。

(2)辅助线。

辅助线是为保证正线正常运营,合理调度列车运行而配置的线路。根据功能不同,辅助线可分为折返线、渡线、存(停)车线、联络线、出入段线等。

①折返线。

折返线是指在同一条线路内,为运营列车往返运行时掉头转线而设置的线路。折返线通常设置在线路两端的终点站或者准备开行折返列车的中间区域站,如图1-12所示。

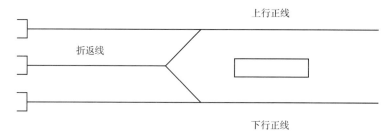

图1-12 折返线

②渡线。

渡线是用道岔将上行线、下行线及折返线连接起来的线路,分为单渡线和交叉渡线,如图1-13所示。

渡线可以满足改变列车运行方向的需要,但在中间站利用渡线进行区间列车折返时,需占用正线进行作业,对于列车的运行间隔影响较大,会导致线路通过能力下降。因此,只有在一些非正常情况下,才会采用渡线进行一些小交路的运行,作为列车运行调整的手段。

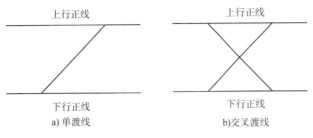

图 1-13　渡线

③存(停)车线。

为了使故障列车尽快退出正线运营,每隔 3~5 个车站应设置存(停)车线,供故障列车临时存放或检修之用,如图 1-14 所示。

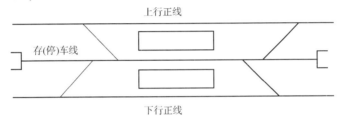

图 1-14　存(停)车线

④联络线。

联络线是两条单独运营线路的连接线,可实现同种制式的线路列车过轨运行,如图 1-15 所示。

⑤出入段线。

出入段线是连接正线与车辆段的线路,供列车出入车辆段使用,如图 1-16 所示。

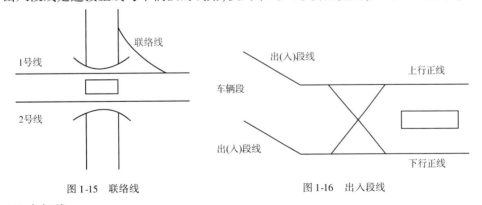

图 1-15　联络线　　　　　　图 1-16　出入段线

(3)车场线。

正线是供列车载客运营的场所,而车辆段(车场)则是供列车检查、维修和非运营时间停放的场所。车场线就是指车辆段内供场区作业、停放列车的线路,根据其作用的不同分为停车线、检修线、试车线、洗车线、牵出线等,如图 1-17 所示。

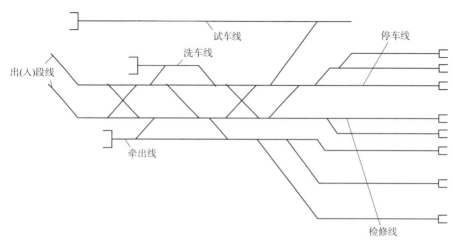

图 1-17　车场线

①停车线。

停车线是车辆的停放线,按一线一列位或一线两列位设计,其数量应满足该运营线路配属列车的存放需要,如图 1-18 所示。

②检修线。

检修线是车辆在各种不同修程时停放的专用线路。检修线上一般设有检修坑道和维修平台,如图 1-19 所示。

图 1-18　停车线

图 1-19　检修线

③试车线。

试车线是在车辆段内设置的对车辆进行动态性能试验的线路,其线路标准通常与正线一致,一般用于新车调试或维修后的列车调试。

④洗车线。

洗车线是安装有洗车设备的线路,用于车辆自动清洗。在洗车线上,列车以低于 5km/h 的速度通过洗车设备,完成车体清洗作业。

⑤牵出线。

牵出线是用于场内列车转线作业的线路。

2）限界

城市轨道交通区间是城市轨道交通列车高速运行的地段。为保证行车安全,车辆与沿线建筑物之间必须有一定的空间间隔。城市轨道交通限界,应根据车辆轮廓线和车辆有关技术参数,结合轨道及轨道沿线建筑物,并计及设备和安装误差而确定。限界的确定既要保证安全,又要使投资最低。

城市轨道交通限界分为车辆限界、设备限界和建筑限界。受电弓限界或受流器限界是车辆限界的组成部分,接触轨限界属于设备限界的辅助限界。

(1) 车辆限界。

车辆限界是车辆在正常运行状态下形成的最大动态包络线。直线地段车辆限界分为隧道内车辆限界和高架或地面线车辆限界。高架或地面线车辆限界应在隧道内车辆限界基础上,另加当地最大风荷载引起的横向和竖向偏移量而得出。

(2) 设备限界。

设备限界是用来限制设备安装的控制线,是位于车辆限界外的一个轮廓。直线地段设备限界是在直线地段车辆限界外扩大一定安全间隙后形成;曲线地段设备限界应在直线地段设备限界基础上,按平面曲线不同半径、过超高或欠超高引起的横向和竖向偏移量,以及车辆、轨道参数等因素计算确定。建筑物与地面固定设备的任何一部分,以及它们的刚性和柔性运动在内,均不得向内侵入此限界。

(3) 建筑限界。

建筑限界是在设备限界基础上,考虑了设备和管线安装尺寸后的最小有效断面。它是位于设备限界外的一个轮廓,规定了城市轨道交通隧道的形状、尺寸、位置,地下车站及站台位置以及地面建筑物的位置,计及施工误差、测量误差及结构永久变形在内,任何永久性建筑物均不得向内侵入此限界。

建筑限界与设备限界之间的空间应能安排各种电缆线、消防水管和消防栓以及其他如电力、信号、通风等设备系统的固定设备。

直线区段圆形单洞隧道断面建筑限界如图 1-20 所示。

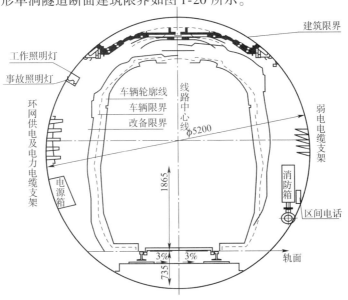

图 1-20　直线区段圆形单洞隧道断面建筑限界(尺寸单位:mm)

1.2.2 轨道与道岔

轨道是城市轨道交通的重要组成部分,也是列车运行的基础。轨道可铺设在隧道、高架桥和地面上,供列车运行。

轨道由钢轨、轨枕、连接零件、道床、防爬设备和道岔组成,如图 1-21 所示。按照行车组织的要求,各车站可根据行车要求设置不同用途的线路,采用不同类型的钢轨、轨枕、道岔。城市轨道交通运营正线一般采用 60kg/m 的钢轨,车场线采用 50kg/m 钢轨,正线采用焊接型长钢轨;在隧道内的道床一般采用混凝土整体道床,高架线路可采用整体道床或碎石道床,地面一般采用碎石道床,对路基进行强度处理,并通过采用高性能的弹性扣件减轻和降低列车运行时的振动和噪声。城市轨道交通线路的正线及折返线统一采用 9 号道岔,车场线除试车线采用 9 号道岔外,其余均采用 7 号道岔。直线轨距标准为 1435mm。

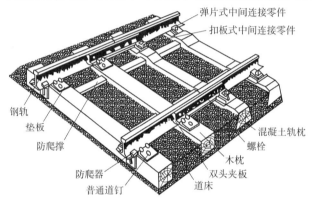

图 1-21 轨道的基本组成

地铁线路以地下线为主,这也就使得其维护具有一定的特殊性:地下隧道内净空富余量小、行车密度大,因此对轨道进行维护的空间小、时间短;隧道内温度变化幅度较小,钢轨因温度变化引起的形变小;隧道内空气相对潮湿、排水要求高,要求对轨道的主要零件采取防锈处理;地铁一般采用整体道床,稳定性好,但是弹性差、造价昂贵,并且列车运行会带来一定的噪声与振动;同时,轨道还作为列车牵引用电的回流导线,应满足绝缘要求,以防泄漏电流对钢筋及其他设备形成腐蚀。

1) 钢轨

钢轨的作用是支撑和引导机车车辆的车轮运行,并把车轮传来的压力传给轨枕,以及为车轮滚动提供阻力最小的表面;有的线路钢轨还具有为供电、信号电路提供回路的作用。

钢轨类型以每米质量数来表示,有 75kg/m、60kg/m、50kg/m、43kg/m 等。钢轨的标准长度有 12.5m、25m 两种,此外还有曲线上使用的标准缩短轨。

地铁正线与半径为 250m 及以上的曲线,应铺设无缝线路。无缝线路是将 25m 轨端无螺栓孔的钢轨焊接成 1km 及以上的轨条铺设在轨道上,由于接缝大大减少,故消灭了列车通过接头区冲击力,从而减轻了振动,降低了噪声。由于在 1km 长的钢轨内不存在轨缝,当温度升高或降低时,钢轨内部就产生了巨大的温度压力,这是无缝线路的一个显著特点。隧道内温度变化幅度较小,因此铺设无缝线路十分有利,如在地面线路铺设无缝线路则需要加强维护与监控,并适时进行应力放散工作,以防止线路胀轨跑道。

正线与辅助线上的钢轨应设轨底坡,其坡度为1:40,但在道岔与道岔间不足25m的直线段不应设轨底坡。

对于运营线路,必须对钢轨进行定期与不定期探伤与检查,根据国家相关技术标准进行钢轨伤损的标示与跟踪。在高架桥与隧道内钢轨伤损达到轻伤时则应及时更换,在普通线路(道岔)以及无缝线路缓冲区的重伤和折断钢轨应立即更换。

2)连接零件

钢轨必须通过连接零件才能固定在轨枕上,钢轨之间也需要用连接零件连成整体。

钢轨接头间的连接零件通常采用鱼尾板、螺栓、道钉等,如图1-22所示。钢轨与轨枕之间的连接零件通常采用弹条式扣件,如图1-23所示。这种扣件在一定程度上可弥补整体道床弹性不足的缺陷。

地铁轨道下还应采用绝缘弹性橡胶垫层,该橡胶垫板必须保持持续的绝缘性能和足够的弹性,一旦绝缘性能与弹性降低,则应及时更换。

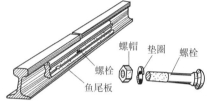

图1-22 钢轨连接

对于运营线路,必须对钢轨连接零件进行定期巡检,根据国家相关技术要求,及时恢复连接零件的功能与补齐缺失的连接零件,以确保轨道系统的整体稳定。

图1-23 弹条式扣件

3)轨枕

轨枕直接支撑钢轨,并通过扣件牢固地与钢轨连接。

地面线路采用国家标准轨枕铺设。隧道等采用钢筋混凝土短轨枕式混凝土整体道床时,短轨枕宜在工厂预制,混凝土强度等级宜采用C50,底部宜伸出钢筋,以加强与混凝土整体道床的连接。采用连续支撑混凝土整体道床时,应采用整体灌注式。

4)道床

道床的作用是支撑轨枕,把从轨枕传来的压力均匀传递给路基。道床还有缓冲车轮对钢轨的冲击、固定轨枕的作用,在地面线中,还能起到排除轨道中雨水的作用。

地铁隧道普遍采用整体式道床,其无须补充石渣或更换轨枕,其优点是整体性强、稳定性好、轨道几何尺寸易于保持,有利于减少维护工作费用,但缺点是工程造价高、施工难度大,一旦形成无法纠偏,出现病害难以整治,且道床弹性差。

高架线路可采用新型轨下基础,地面线路宜采用碎石道砟以降低投资。

地铁线路道床纵向排水坡度可与线路坡度一致,但不宜设置为平坡,道床面还应有不小于3%的横向排水坡。

地铁隧道内混凝土整体道床与地面碎石道床相连时,衔接处应设置弹性过渡段。

碎石道床应按国家现行相关规范的规定设置防爬装置。

5)防爬设备

列车运行时,常常产生作用在钢轨上的纵向力,使钢轨产生纵向移动,有时甚至带动轨枕一起移动。这种纵向移动叫作爬行。爬行一般发生在复线铁路的区间正线、单线铁路的重车方向、长大下坡道上和进站时的制动范围内。

线路爬行往往引起轨缝不匀、轨枕歪斜等现象,对线路的破坏性很大,甚至造成胀轨跑道,危及行车安全。因此,必须采取有效措施来防止爬行。通常采用防爬器和防爬撑来防止线路爬行,如图1-24所示。

穿销式防爬器是由带挡板的轨卡和穿销组成的。安装时,轨卡的一边卡紧轨底,另一边楔进穿销,使整个防爬器牢固地卡住轨底。这样,钢轨在受到纵向阻力时,由于轨卡的挡板紧贴着轨枕,于是轨枕阻止了钢轨爬行。为了充分发挥防爬器的作用,通常在轨枕之间安装防爬撑,把3~5根轨枕联系起来,共同抵抗钢轨爬行。

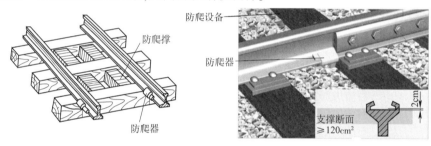

图1-24 防爬器

6)道岔

道岔是引导机车车辆从一股道转入另一股道的线路设备,是轨道系统的重要组成设备,也是轨道的薄弱环节之一。

道岔经常向某一方向开通称为定位,反之为反位。地铁中通常规定道岔开通直股称为定位,反之为反位。

道岔按用途与平面形状时分为普通单开道岔、对称道岔、三开道岔、交分道岔等几种类型(图1-25)。

a)单开道岔

b)对称道岔

图 1-25

单元1　列车驾驶基础知识

c)三开道岔

d)交分道岔

图1-25　道岔

道岔设备由转辙部分、连接部分和辙叉部分组成。普通单开道岔构造如图1-26所示。

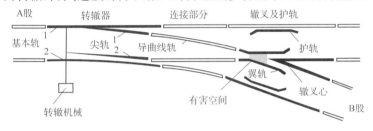

图1-26　单开道岔构造

（1）转辙部分。

转辙部分由两根尖轨、两根基本轨、连接零件及转辙机械组成。通过尖轨的平移，形成不同的开通方向，实现列车安全转线的目的。尖轨断面变化大，又经常要扳动，是道岔的薄弱部分。

（2）连接部分。

连接部分由两根导轨、两根基本轨组成，它将转辙部分和辙叉部分连成一组完整的道岔。

（3）辙叉部分。

辙叉部分由辙叉心、翼轨、护轨等组成。在辙叉心实际尖端与翼轨间最小距离处，存在轨线中断、不连续的情况，形成一个有害空间，当列车通过时，会造成车轮与辙叉实际尖端互相冲击。一般采取限制通过道岔速度来降低不利影响，减少乘客的不适感。

车轮从连接部分驶入辙叉心时，利用车轮踏面较宽的条件，在钢轨断开处，先使车轮踏面的外侧部分压在翼轨上，由翼轨来承载机车车辆，然后又逐渐使车轮踏面的内侧部分压向辙叉心，最后越过中断的钢轨。

在辙叉两侧设有的护轨，能严格地保证车轮过渡过程安全、顺利地完成。如果没有护轨，当车轮迎尖轨驶来时，轮缘有可能猛烈撞击辙叉心的尖端，破坏辙叉心，甚至误入异线造成脱轨。此外，护轨还能牵制轮对的另一侧车轮，迫使车轮按规定的路径行驶。

道岔号数是代表道岔各部分主要尺寸的标志，习惯上用辙叉角的余切值来表示，如图1-27所示。

图1-27 道岔号数

道岔号数计算公式为：

$$N = \cot\alpha = FE/AE \tag{1-1}$$

式中：N——道岔号数；

α——辙叉角。

由式(1-1)可见，α越小，N越大，导曲线半径也越大，机车车辆通过道岔时越平稳，允许的过岔速度也就越高。所以，采用大号数道岔对于列车运行是有利的。

车辆或列车沿道岔直向运行，行车速度在100km/h以下时，一般不需限速。而通往侧向时则需限速，限速根据道岔号数大小而定。

道岔侧向构造速度见表1-1。

道岔侧向构造速度 表1-1

辙叉号	7	9	12
速度(km/h)	30	35	50

道岔侧向允许通过速度见表1-2。

道岔侧向允许通过速度 表1-2

辙叉号	7	9	12
速度(km/h)	25	30	50

1.2.3 车站与车辆段

1）车站

车站是轨道交通客流的集散地，同时又是轨道交通运营设备集中设置的场所，主要包括线路、道岔、通信、信号、环控、自动售检票、自动扶梯、电梯、照明、给排水、消防、防灾报警、设备监控等设备系统，由出入口、通道、站厅层、站台层、设备用房、管理用房及生活用房等几部分构成。有些简易车站无站厅层。

(1)按车站客流量大小分类。

大车站：高峰每小时客流量在3万人次以上的车站。

中等车站：高峰每小时客流量在2万～3万人次之间的车站。

小车站：高峰每小时客流量在2万人次以下的车站。

(2)按车站的运营功能不同分类。

始发(终到)站：一般设置在线路两端。除具有供乘客乘降的基本功能之外，还可供列车折返、停留、临时检修使用，如图1-28a)所示。

中间站：线路上数量最多的车站，其主要作用就是供乘客乘降使用。但有些中间站还设有折返线、渡线和存车线等，可供列车折返和进行列车运行调整，如图1-28b)所示。

单元1 列车驾驶基础知识

换乘站:设置在两条及两条以上的轨道交通线路交叉点。除具有供乘客乘降的基本功能之外,其最大的特点是乘客可从一条线路换乘到另一条线路。换乘站的换乘方式有平面换乘和立体换乘之分。换乘站在最大程度上节省了乘客出站、进站及排队购票的时间,为乘客换乘提供了方便,如图1-28c)所示。

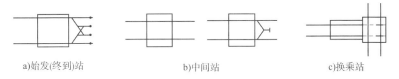

图1-28　车站按运营功能不同分类

(3)按车站设置的位置不同分类。

地下站:线路、主体建筑和设备设施设置在地下隧道的车站,又可分为浅埋式车站和深埋式车站两种,如图1-29a)所示。

地面站:线路、主体建筑和设备设施设置在地面的车站,如图1-29b)所示。

高架站:线路、主体建筑和设备设施设置在高架桥上的车站,如图1-29c)所示。

图1-29　车站按设置位置不同分类

(4)按站台形式不同分类。

岛式站台车站:上、下行线分布在站台的两侧。站台面积可以得到充分利用,管理集中,车站结构紧凑,乘客换乘方便,如图1-30所示。

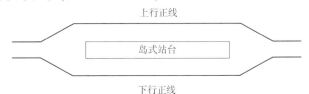

图1-30　岛式站台示意图

侧式站台车站:站台分布在上、下行线一侧,列车进站无曲线,运行状态好。乘客乘降车互不干扰,不易乘错方向,站台横向扩展余地大,如图1-31所示。

图1-31　侧式站台示意图

混合式站台车站:既有岛式站台,又有侧式站台的混合形式站台。一般多为始发/终到站,设有道岔和信号联锁等设备,如图 1-32 所示。

图 1-32 混合式站台示意图

2）车辆段

城市轨道交通车辆段主要担负着一条或几条线路的城市轨道交通车辆的停放、检修、清洁等任务,有的车辆段还负责乘务人员的组织管理、出乘、换班等业务工作,并相应配备乘务值班室等设施。车辆段一般设有停车库（厂）、检修库、洗车设备、运营管理用房等设施,另外还有测试列车综合性能的试车线,以及存放内燃机车、工程车的车库。

（1）车辆段的主要功能。

车辆段的主要功能如下：

①列车的停放、日常检查、一般故障处理和清扫洗刷、定期消毒,根据需要进行车辆摘挂、编组、转线等调车作业。

②车辆修理,包括月修、定修、架修与临修。

③车辆的技术改造或厂修。

④车辆段内通用设施及车辆维修设备的维护管理。

⑤乘务人员组织管理、出乘计划编制、备乘换班的业务工作。

车辆段线路及车库如图 1-33 所示。

a）车辆段线路

b）车库

图 1-33 车辆段线路及车库

（2）车辆段与联轨站相连接的主要形式。

车辆段位于线路端部。线路起（终）点站站后接车辆段,这种形式较好,车辆段出入线与正线干扰少,有利于运营管理,如图 1-34 所示。

图 1-34 车辆段位于线路终端

车辆段位于线路中间,有一站接轨与两站接轨两种方式。一站接轨,需要设立列车回转设备,如图1-35所示;两站接轨,列车出入车辆段可自然掉头,车辆段内不需设列车回转设备,如图1-36所示。

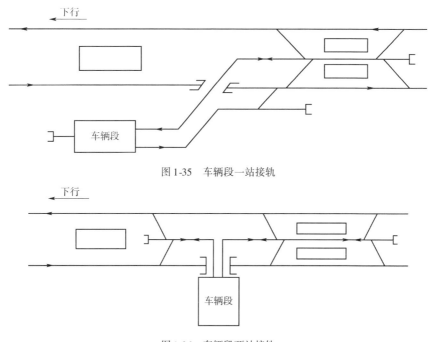

图1-35 车辆段一站接轨

图1-36 车辆段两站接轨

1.2.4 供电系统

供电系统担负着整个交通系统运行所需电能的供应与传输,是系统安全可靠运行的重要保证。城市轨道交通供电一般取自城市电网,且大部分为城市电网一级负荷,要求比较高,以确保供电的可靠性。

城市轨道交通供电系统包括牵引供电系统、动力照明供电系统、电力监控系统等。

1)牵引供电系统

牵引供电系统为电动客车运行提供电能,它由牵引变电所、接触网、钢轨等组成。目前我国各城市的地铁和轻轨采用的电压制式均在750~1500V。接触网分为接触轨(又称为第三轨)和架空接触网两种。各城市轨道交通系统可根据各自实际情况采用不同的供电方式,如北京地铁即采用了750V接触轨供电方式,上海、广州地铁均采用了1500V接触网供电方式。接触网供电方式如图1-37所示。

2)动力照明供电系统

动力照明供电系统为车站和区间各类照明、自动扶梯、风机、水泵等动力机械设备和通信、信号、自动化等设备提供电源,它由降压变电所和动力照明配电线路组成。

3)电力监控系统

电力监控系统的作用是保证控制中心能够对供电系统的主变电所、牵引变电所、降压变电所的供电设备的运行状态实时进行监控、控制及数据采集,它由控制中心的主机、设在各变电所的远程控制终端以及连接终端与中心的通信网络三部分组成。

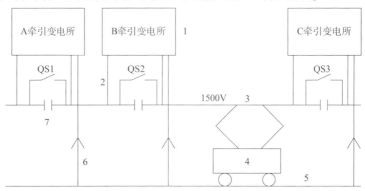

图1-37　接触网供电方式

1-牵引变电所;2-馈电线;3-接触网;4-电力机车;5-钢轨;6-回流线;7-电分段

1.2.5　通信与信号系统

1)信号系统

信号系统是用于指挥和控制列车运行的设备系统,是安全行车的首要保证,也是列车通过能力和输送能力决定因素之一,影响着城市轨道交通的行车速度和行车间隔时间。

信号系统通常包括三大部分:基础设备、联锁设备和列车自动运行控制(Automatic Train Control,简称ATC)系统。

信号系统基础设备包括(色灯)信号机、(电动)转辙机、轨道电路等。

道岔、进路和信号三者之间相互制约的关系称为"联锁",实现这种联锁关系的设备叫联锁设备。只有当线路空闲,进路道岔位置正确并锁闭,敌对信号未开放时,防护该进路的信号机才能开放。信号机一旦开放,则该进路上的道岔位置不能转换,敌对信号不能开放。

联锁设备具有轨道电路处理、进路控制、道岔控制、信号控制、进路自动设置等功能。值班人员通过控制台控制现场设备,并通过表示盘(墙式大表示盘或显示器)所反映的现场设备状态来监视车站情况。控制台和表示盘可以设在本站,也可设在控制中心,通过遥控、遥测手段来实现监控。

城市轨道交通的信号系统是保证列车运行安全和提高运输效率的重要设施。由于城市轨道交通行车密度大、站间距离短,所以对列车运行的安全性和自动化程度有更高的要求。传统的信号系统是通过设置在地面的色灯信号机传递不同的行车命令,司机根据地面的信号显示,按照行车有关规定操纵列车进站、出站、区间运行,这种制式基本上是依赖司机保证行车安全。但随着城市轨道交通的不断发展,这种传统的信号系统已不能适应城市轨道交通系统高密度、高安全性的行车要求。目前,我国城市轨道交通系统车辆段内一般使用微机联锁设备,设有地面信号机,信号机和道岔由车辆段信号控制室集中控制。正线使用ATC系统,车站不设进站、出站信号机,区间无通过信号机,在区间或车站设置道岔时,在该处设有地面防护信号,以确保进路开通正确。

ATC系统是一种能实现列车速度自动控制和列车运行间隔自动调整的信号系统。ATC系统取消了传统的地面信号,将机车信号作为主体信号,信号的含义发生了质的变化,传递给列车的是具体的速度或距离信息。ATC系统根据与先行列车之间的距离和进路条件,在车内连续地显示出允许的速度信息,或按设定的运行条件所能达到的允许速度信息,自动地控制运行速度,进行超速防护,以达到自动调整行车间隔的目的,并实现列车在车站的定位停车。ATC系统包括ATP(Automatic Train Protection,列车自动防护)子系统、ATO(Automatic Train Operation,列车自动驾驶)子系统和ATS(Automatic Train Supervision,列车自动监控)子系统。

ATP子系统主要用于对列车驾驶进行防护,对与安全有关的设备或系统实行监控,实现列车间隔保护、超速防护等功能。其主要的工作原理是:不断地将一些如前方目标点的距离和允许速度等信息从地面传至车上,从而得出此时刻所允许的安全速度,以此来对列车实现速度监督及管理。

ATO子系统主要用于实现"地对车控制",即用地面信息实现对列车驱动、制动的控制,自动调整列车的速度。使用ATO子系统的一大优点是缩短了列车间隔,提高了线路的利用率和行车的安全可靠性。

ATS子系统主要是实现对列车运行的监督和控制,辅助行车调度人员对全线列车运行进行管理。它向行车调度人员显示出全线列车的运行状态,监督和记录运行图的执行情况,在列车因故偏离运行图时及时作出反应(提出调整建议或者自动修整运行图),通过ATO子系统的接口,向乘客提供运行信息通报(如列车到达、出发时间,运行方向,中途停靠站名等)。

2)通信系统

通信系统是城市轨道交通运营的联络中枢,它的主要任务是及时传递运营各系统、各部门和控制中心间及其相互间的信息,以便及时采取行动确保整个系统正常运营。整个通信系统包括以下5个子系统:

(1)传输系统。

在城市轨道交通系统内,传输系统为设备系统提供传输信道,如为电话、广播、闭路电视图像、无线通信系统、供电远动系统(SCADA)、自动售检票系统(AFC)、环控系统(BAS)、防灾报警系统(FAS)、办公系统及其他自动化系统等提供必要的传输信道。

(2)电话子系统。

电话子系统由公务电话通信系统和专用电话通信系统组成。

①公务电话通信系统,包括各车站、控制中心、各系统设备的维修单位、各管理单位以及管理指挥机关内部及单位之间的公务电话通信系统。

②专用电话通信系统,包括调度电话、站间直通电话和轨旁电话。

调度电话包括行车调度、电力调度、环控调度、专用调度和各车站、车辆运用单位等用户之间的直接通话。

站间直通电话由专用通道传递,拎起直通,主要办理行车业务用。

轨旁电话供有关专业人员及时报告运行线路发生的故障及其他紧急情况。

(3)广播系统。

广播系统的主要作用是向乘客及时通报运营信息或播放音乐以改善候车环境;在故障等非常情况下通报行车、客运安排,必要时也可紧急召唤检修、抢修人员。

(4)电视监视系统。

电视监视系统主要是供控制中心的调度人员和车站值班员实时、有选择地监视沿线各车站(主要是站台及站厅)的状况;监视客流动态以确保乘客进出站及乘降列车的安全和有序;监视列车在车站作业情况以确保行车安全。该系统也供列车司机监控乘客乘降列车情况,一般情况下站台列车停车位置头部装有显示器,显示器由两台摄像机共同显示乘客上下列车及车门、屏蔽门开闭情况。

(5)无线通信系统。

无线通信系统一般供在移动状态下工作的人员,例如司机、检修人员及站务人员等在工作中和调度及指挥机构取得联系时通话使用,必要时可以使用无线通信发布调度口头命令,指挥行车。无线通信系统包括列车无线调度电话、车辆段无线电话及应急抢险无线电话等若干部分。

1.3 列车运行组织基础

1.3.1 行车闭塞法

1)传统自动闭塞

(1)传统自动闭塞法设备概况与作用原理。

在采用传统自动闭塞方式时,车站进站信号机和出站信号机的开放,需由车站值班员在控制台上操纵。双线自动闭塞区段的车站发车时,车站值班员不需办理闭塞手续,在发车进路准备妥当后,从控制台上确认区间空闲符合发车条件时,即可开放出站信号机发车。为使接车站做好接车准备,应向接车站通报列车车次、出发时刻及有关注意事项。单线自动闭塞区段车站发车时,发车站得到行车调度员准许后,按下发车按钮,该列车运行方向的发车表示灯及接车站的接车表示灯亮灯,车站值班员即可开放出站信号机发车。列车到达后,接车站的接车表示灯和发车站的发车表示灯均熄灭,表示区间空闲。

传统自动闭塞是用信号机将线路划分为若干个固定的闭塞区间,列车以闭塞区间为间隔,按追踪方式运行。由于闭塞区间都设有轨道电路,信号机能根据列车占用或离去自动变换信号显示,指示列车运行。它是由运行的列车自动完成闭塞作用的一种行车闭塞方法。自动闭塞是比较先进的行车闭塞方法,它使线路上的列车密度加大,提高了线路通过能力。由于区间线路设有轨道电路,当闭塞区间(分区)有车占用或钢轨折断时,都能使防护该闭塞区间(分区)的信号机自动地显示停车信号,使列车在区间的运行有了可靠的安全保障。

(2)传统自动闭塞法的类型。

按所采用的信号显示制度的不同,传统自动闭塞可分为三显示自动闭塞、四显示自动闭塞、多信息自动闭塞。

三显示自动闭塞就是通过信号机具有三种显示,能预告列车前方两个闭塞分区状态的自动闭塞。三显示自动闭塞分两个速度等级,一个闭塞分区的长度满足从规定速度到零的制动距离的特征。三显示自动闭塞通过信号机的显示意义为:红色灯光表示前方闭塞分区有车占用,列车须停车,不准越过信号机;黄色灯光表示前方仅有一个闭塞分区空闲,列车须减速通过；绿色灯光表示前方至少有两个闭塞分区空闲，列车可按规定速度通过。三显示自动闭塞在绿色灯光条件下，至少有两个闭塞分区空闲可供列车占用。因此，列车基本上是在绿色灯光或黄色灯光下运行。三显示自动闭塞能够保证列车以较高速度运行，或只需要短暂减速运行，适合于客货列车混行的铁路系统。

四显示自动闭塞就是通过信号机具有四种显示，能预告列车前方三个闭塞分区状态的自动闭塞。四显示自动闭塞分三个速度等级，两个闭塞分区的长度满足从规定速度到零的制动距离的特征。四显示自动闭塞通过信号机的显示意义为：红色灯光表示前方闭塞分区有车占用，列车须停车，不准越过信号机；黄色灯光表示前方仅有一个闭塞分区空闲，低速列车减速通过；绿黄色灯光表示前方有两个闭塞分区空闲，高速列车减速通过；绿色灯光表示前方至少有三个闭塞分区空闲，按规定速度通过。四显示自动闭塞保证列车在绿色灯光条件下运行，可以充分发挥列车运行速度，比较适合于较高速度的铁路区段或城市轨道交通系统。

多信息自动闭塞也称多显示自动闭塞，是对四显示及以上自动闭塞的统称。当信号显示多于四显示时，往往地面通过信号机不具备多显示的条件，而以机车信号显示为主。

(3) 传统自动闭塞区间的行车办法。

采用传统自动闭塞方式，列车进入闭塞区间的行车凭证为信号机的准许信号显示。

在三显示闭塞区段，出站或通过信号机的黄色灯光或绿色灯光为列车进入闭塞分区的凭证。为确保客运列车的安全，对客运列车及跟随客运列车后面在车站通过的列车，只准在出站信号机显示绿色灯光的条件下从车站出发或通过。

在四显示闭塞区段，出站或通过信号机的黄色灯光、绿黄色灯光、绿色灯光为列车进入闭塞分区的凭证。对客运列车及跟随客运列车后面通过的列车，进入闭塞分区的凭证为出站信号机的绿黄色灯光或绿色灯光，但特快旅客列车由车站通过时为出站信号机的绿色灯光。

(4) 自动闭塞区间列车运行间距与发车间隔时间。

前后列车在区间内运行间距越大，通过能力越差，但运行安全程度越高，列车的运行速度也可发挥到最佳点。同样，在自动闭塞区段，车站向区间按一定的间隔时间连续发车，发车间隔时间越长，线路通过能力就越低，但安全可靠性提高；发车间隔时间越短，则线路通过能力就越大，但必须保证续行列车与前行列车有安全的间隔距离，这个安全距离可以由自动闭塞的制式来决定。

由于自动闭塞的每个闭塞分区均装有轨道电路，因此，可以比较准确地表示前方列车的位置，继而向续行列车传输比较明确的速度指令，从而保证两个列车之间既有可靠的安全制动距离，又有最短的空间间距，以达到最大的通过能力。

某轨道交通系统速度命令控制线如图1-38所示。其中，虚线表示列车占用该分区，1T～9T表示各个分区，速度分别为图中所示0km/h、20km/h、30km/h、45km/h、55km/h、65km/h、80km/h等，MAS为最大允许速度。

当续行列车A进入1T时，如果前行列车B出清2T进入3T，对列车A而言，前方仅有一个2T分区空闲，此间距不满足最低速度(20km/h)的制动距离要求，此时1T的轨道电路发送器不发码(即指示0速度)，列车A应停车；当列车B出清3T分区，对列车A而言，已有2T、3T两个分区空闲，间距已满足最低速度(20km/h)的制动距离要求。因此，1T发送器向列车 A 发出 20km/h 的速度命令,依此类推。当前行列车 B 已出清 8T,进入 9T 时,则续行列车 A 若在 1T 分区,则应收到 1T 发送器发送的速度命令,当中有 7 个分区空间的间距,满足最高速度(80km/h)的安全制动距离要求。

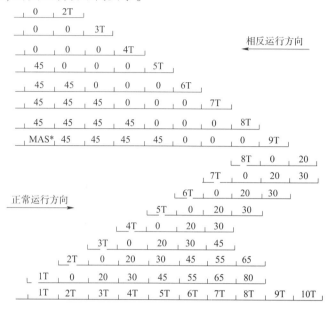

图 1-38　某轨道交通系统速度命令控制线

2)移动闭塞

(1)移动闭塞的概念。

移动闭塞是基于区间固定闭塞原理发展起来的一种新型闭塞技术,与固定闭塞相比,它最显著的特点是取消了以通过信号机分隔的固定闭塞分区。在移动闭塞中,列车间的最小运行间隔距离由列车在线路上的实际运行位置和运行状态确定,闭塞分区随着列车的行驶,不断地向前移动和调整,所以称为移动闭塞。

移动闭塞的线路取消了物理层次上的闭塞分区划分,而是将线路分成了若干个通过数据库预先定义的线路单元,每个单元长几米到几十米不等,移动闭塞分区即由一定数量的线路单元组成,单元的数目可随列车的速度和位置而变化,分区的长度也是动态变化的。

(2)移动闭塞的基本要素。

在移动闭塞技术中,闭塞分区仅仅是保证列车安全运行的逻辑间隔,与实际线路并无物理上的对应关系,因此,移动闭塞在设计和实现上与固定闭塞有比较大的区别。列车定位(Train Position)、安全距离(Safety Distance)和目标点(Target Point)是移动闭塞技术中最重要的三个概念,可以称为移动闭塞的三个基本要素。

①列车定位。列车定位是移动闭塞技术的基础。要实现闭塞分区的动态移动,首先必须实时、准确地掌握列车的位置信息,确定列车间的相对距离。系统不断地将该距离与所要求的运行间隔距离相比较,确定列车的安全运行速度。所以,没有准确的列车定位,就没有移动闭塞。列车定位由地面设备和车载设备共同完成。

②安全距离。安全距离是后续追踪列车的命令停车点与其前方障碍物之间的一个固定距离。障碍物可以是确认了的前行列车尾部的位置或者无道岔表示(道岔故障)的道岔位

置。该距离是基于列车安全制动模型计算得到的一个附加距离,它保证追踪列车在最不利条件下能够安全地停止在前行列车的后方而不发生冲撞。所以,安全距离是移动闭塞系统中的关键,是整个系统设计的理论基础和安全依据。

如图1-39所示,安全距离是附加在列车制动距离上的一段安全富余量。在列车行驶过程中,追踪列车和前行列车始终保持一个常用制动距离再加上一个安全距离的移动闭塞间隔,以确保在最不利条件下,追踪列车和前行列车不发生碰撞。安全距离与线路状况、列车性能等因素有关。在系统设计阶段,通常规定了系统能使用的最小安全距离,同时在满足运营时间间隔的前提下,采用比理论计算值大的安全距离,提高系统运行的安全性。

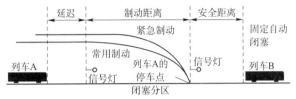

图1-39 安全距离示意图

③目标点。目标点是列车运行的行车凭证,如同固定闭塞系统中的允许信号,列车只有获得了目标点,才能够向前移动。目标点通常是设在列车前方一定距离的某个位置点,一旦设定,即表明列车可以安全运行至该点,但不能超过该点。移动闭塞系统就是通过不断前移列车的目标点,引导列车在线路上安全运行。

(3)移动闭塞系统的主要运行模式及行车办法。

国内轨道交通行业采用的主要是移动闭塞系统(Seltrac MB),该系统是一套集中控制的信号系统,包括车站控制器(STC)和车载控制器(VOBC)。它可以提供两种主要运行模式:ATC模式和后退模式。

①ATC模式。

在ATC模式下,系统根据移动闭塞原理自动地控制列车,司机的干预最少。该模式是ATC系统和列车运营服务的常用工作模式。

在正常运营条件下,列车的运行由车辆控制中心进行控制,列车在ATC系统控制下自动地在整个线路上运行,司机仅对运行进行监视。ATC系统将在车场边界转换轨处进行列车自检,并在自检成功后使其自动投入到正线运营当中。退出运营的列车将自动返回到车场边界转换轨,车场的ATS系统从这里控制列车进入车场。ATC模式下的信息传输路径如图1-40所示。

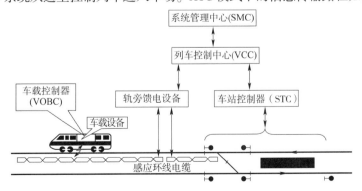

图1-40 ATC模式下的信息传输路径

在 ATC 模式下,列车控制中心(VCC)负责列车的安全间隔和运行(安全运行还包括对道岔的操作)。VCC 按照系统管理中心(SMC)中执行的时刻表(或运行线)正确排列进路。

当列车按所分配的进路前进时,VCC 将在列车前方预留相应的轨道及道岔,并在允许列车通过之前命令 SRC 转换道岔到所需位置。当 VCC 确认列车已从相关轨道及道岔出清时,预留取消。

一旦中心调度员在中心控制室的 VCC 终端上设置了人工进路预留(MRR)或者调度员人工单独预留道岔命令,系统就不会自动转换道岔。

在 ATC 模式下,信号机显示蓝色以提醒司机信号机防护区域是"自动"区域,人工列车(限制人工或非限制人工)禁止通过。在 ATC 模式下,ATC 系统不会在信号机上显示其他灯光。

计轴器在 ATC 模式下仍然工作,但其检测的列车定位信息不会返回至 VCC,即计轴状态不参与 ATC 模式下的联锁逻辑。

列车可在 ATO 驾驶模式、人工保护驾驶模式以及无人驾驶模式下运行。在 ATC 模式下,VCC 对站台紧急停车按钮以及中央紧急停车按钮的按下进行响应。ATC 系统有能力使列车在线路的任何区域上双向运行。双向运行可以有效应对线路的任何部分由于特殊原因(如轨道阻塞)而采取的自动变更运行。与正向运营一样,反向运行时信号系统提供 ATP、ATO 及 ATS 的功能。

②后退模式。

后退模式可以使列车以人工驾驶(限制人工或非限制人工)模式运行,是考虑到 ATC 系统设备故障,或没有配备 ATC 设备的列车要在正线线路上运行而设计的。

当出现 VCC 严重故障、感应环线故障或 VOBC 故障时,后退模式可以提供一种降级服务。此时,列车采用人工驾驶,按照轨旁信号机显示运行。

根据移动闭塞系统的故障影响程度不同,后退模式分为全人工后退模式和局部后退模式。在全人工模式下,单个或全部的 STC(车站控制器)将不受 VCC 控制,该 STC 控制下的所有正线区域均以自动闭塞运营;局部后退模式则是指 STC 控制的个别信号机防护的区段以自动闭塞方式运营,其余区域仍以移动闭塞方式运营。

后退模式下的行车是单方向的,用于使无通信列车进入固定闭塞下运营,在确保安全的前提下,达到一定的运输能力,系统中的 STC 设备可以为其控制区域内的列车提供地面信号,以保证列车安全运行。

进路是由中央调度员或车站值班员采取设置人工进路的方式设置的,并将进路上有关道岔设到所要求的位置。

在后退模式下,轨旁信号机平时点亮红灯,在人工办理了进路、联锁条件满足的情况下开放允许信号,在禁止信号红灯不能点亮的情况下不能开放任何允许信号。

在后退模式下,STC 根据区段占用状态和道岔位置等联锁条件来设置信号机的显示。因此,一旦调度员设置了人工进路,当列车占用了该进路计轴区段时,防护该进路的信号机将显示红灯。当列车出清该占用区段后,如果所有的道岔都处在正常进路所要求的正确位置,则该区段信号机自动开放,显示绿灯;如果所有的道岔都处在"变更"进路所要求的正确位置,则该区段信号机自动显示黄灯。当道岔处于锁闭状态时,信号机才能显示开放的信号(绿灯或黄灯)。

STC 根据中心 SMC（或处于局部后退模式的 VCC）的指令或 SMC 本地工作站控制指令转动道岔，并依据联锁条件设置信号机的显示。假如接近计轴区段并且道岔区段均空闲，则在 STC 将信号机成功设置为红灯后，命令道岔开始转动；当道岔转到规定位置并锁闭后，STC 检查所有的联锁条件，当条件均符合时就将信号机设置为允许灯光显示。如果 STC 收到道岔转换指令时接近计轴区段有车且道岔区段空闲，STC 则将信号机显示为"红灯"后 60s 计时；一旦时间计完，若道岔区段无车，则 STC 开始转动道岔，使其转到规定的位置。

后退模式与自动模式的相互转换时机取决于中央调度员，而时间长短主要取决于司机、调度员以及系统中正在运行的列车数量。

当 VCC 故障时，中央调度员开始干预，系统将在大约 60s 内从自动模式转入全人工后退模式。只有所有的人工预留进路均已取消，所有线路上正在以人工模式运行的列车都重新进入自动模式，并且中央调度员进行干预，系统才能启用全自动运行模式，否则系统将维持原局部人工运行模式或全人工运行模式。

（4）移动闭塞系统的组成与特点。

①移动闭塞系统的组成。

移动闭塞系统主要包括无线数据通信网、车载设备、区域控制器和控制中心等。

无线数据通信是移动闭塞实现的基础。通过可靠的无线数据通信网，列车将位置、车次、列车长度、实际速度、制动潜能和运行状况等信息以无线的方式发送给区域控制器；区域控制器追踪列车并通过无线传输方式向列车发送移动授权。车载设备包括无线电台、车载计算机和其他设备（如传感器、查询器等）。列车将采集到的数据（如机车信息、车辆信息、现场状况和位置信息等）通过无线数据通信网发送给区域控制器，以协助完成运行决策；同时对接收到的命令进行确认并执行。

②移动闭塞系统的特点。

与传统的固定闭塞相比，移动闭塞具有以下特点：线路没有固定划分的闭塞分区，列车间隔是动态的，并随前一列车的移动而移动；列车间隔是按后续列车在当前速度下所需的制动距离，加上安全余量计算和控制的，可确保不追尾；制动的起点和终点是动态的，轨旁设备的数量与列车运行间隔关系不大；可实现较小的列车运行间隔；采用地—车双向数据传输，信息量大，易于实现无人驾驶。

3）电话闭塞

（1）电话闭塞法使用时机。

电话闭塞是当基本闭塞设备不能使用时，由区间两端站的车站值班员利用站间行车电话以发出电话记录号码的方式办理闭塞的一种方法。

电话闭塞不论单线或双线，均按站间区间办理。由于没有机械、电气设备控制，全凭制度约束来保证行车安全，因此办理手续必须严格。为保证同一区间在同一时间内不会用两种闭塞法，在停用基本闭塞法改按电话闭塞法或恢复基本闭塞法时，均须行车调度员下达调度命令后方准采用。遇有车调度电话不通时，行车闭塞法的变更或恢复，应由该区间两端站的车站值班员确认区间空闲后，直接以电话记录办理。

当遇有下列情况时，须改用电话闭塞法行车：

①基本闭塞设备发生故障时。自动闭塞设备发生故障或停电，包括区间内两架及其以

上信号机故障或灯光熄灭,移动闭塞采用全人工后退模式。

②无双向闭塞设备的双线区间反方向发车或改按单线行车时,无双向闭塞设备的双线区间反方向发车只能改按电话闭塞进行。

当无双向闭塞设备的双线区间的一条正线因施工或其他原因封锁,另一条正线改按单线行车时,虽然该正线正方向闭塞设备能使用,但由于该正线的反方向无闭塞设备,如果对该线路正方向与反方向运行的列车采用不同的闭塞方法,不但增加了行车调度员发布变更或恢复基本闭塞法命令的次数,而且车站办理时容易发生错误。因此,双线改按单线行车时,上、下行运行的列车均须改用电话闭塞。

(2)电话闭塞时的行车办法。

使用电话闭塞法行车时,列车占用区间的行车凭证,不论单线或双线均为路票。路票的样式如图1-41所示。路票的填写规则为:

①发车时发车站须查明区间空闲,取得接车站承认,在发车进路准备妥当后,方可填写路票。

②路票应由车站值班员或值班站长亲自填写。对填写后的路票,车站值班员应根据《行车日志》的记录进行认真检查,确认无误并加盖行车专用章后,方可送司机。

③路票不得在未得到电话记录号码前预先填写,也不能在进路准备妥当之前填写。路票已交司机,因特殊原因停止发车时,应及时收回路票。填写的路票,字迹应清楚,不得涂改;当填写后发现错误时,应在路票上划"×"注销,重新填写。路票的交接地点为司机所在司机室旁的站台上,路票的交接必须由车站值班员指定的行车人员负责。

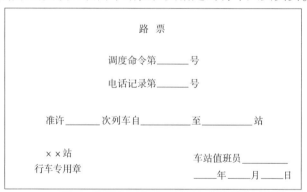

图1-41 路票

(3)电话闭塞法的特点。

电话对轨道交通系统的安全生产和提高运行效率发挥了很大的作用。站间电话闭塞法是在信号系统故障,不能使用ATP组织正常行车时,由两车站值班员利用站间行车电话,以电话记录的方式办理闭塞的方法,是代用闭塞法。电话闭塞均按站间区间办理。为保证同一区间、同一线路在同一时间内不误用两种闭塞法,在停用基本闭塞改用电话闭塞或恢复基本闭塞时,均需根据轨道车辆调度员的调度命令办理。

(4)电话闭塞法时接发列车作业。

①车站原则上不办理接发列车作业,在电话闭塞组织行车时须接发列车,车站接发列车人员应严格执行接发列车作业程序,手信号的显示地点应便于司机瞭望与确认。

②当列车进站时,站台岗人员应于站台楼梯口靠近紧急停车按钮附近立岗,随时注意站台乘客动态,维护站台秩序,监督司机按规范动作关门,发现危及安全的情况时,及时按压紧急停车按钮或显示停车信号。

③终点站站台人员清客完毕后,应及时显示"好了"信号通知司机。

④电话闭塞组织行车时接发列车的规定:按照《列车运行图》及行车调度员命令,做好接车工作。接发列车时显示手信号的时机为:接车时,在看见列车头部灯开始显示;通过列车,应待列车头部越过信号显示地点后方可收回;停站列车,应待列车停车后方可收回;发车信号,必须在司机动车或鸣笛回示后方可收回;引导信号,待列车头部越过信号显示地点后方可收回。

1.3.2 列车运行图

1) 列车运行图识别

在城市轨道交通运营生产中,根据不同工种、对象的使用范围要求,列车运行图有两种输出形式:运营时刻表和图解表。运营时刻表是指列车在车站(车辆段)出发、到达(或通过)及折返时刻的集合,主要供车站人员、乘务司机以及对外公布时乘客使用,见表1-3。图解表,又称时距图,是指列车在车站(车辆段)出发、到达(或通过)时刻,及列车折返、在各区间的运行时间的图解形式,主要供城市轨道交通企业运营调度部门行车调度指挥使用。图解表利用坐标原理表示列车的运行状况和行车时刻,它将列车看作一个质点,斜线就是列车的轨迹,代表列车的运行线如图1-42所示。如图1-42a)所示,横坐标为时间,纵坐标为距离,水平线之间的距离即为站间距,在国内这种表示方法使用最为广泛。如图1-42b)所示,坐标系表示方法正好与图1-42a)相反,国内采用西门子信号系统的城市轨道交通线路则使用这种形式的列车运行图。

上海地铁5号线列车运营时刻表　　　　　　　表1-3

站　名	首班车发车时刻		末班车发车时刻	
	往莘庄↑	往闵行开发区↓	往莘庄↑	往闵行开发区↓
莘庄	—	06:00	—	22:30
春申路	06:23	06:02	22:23	22:32
银都路	06:21	06:04	22:21	22:34
颛桥	06:18	06:08	22:18	22:38
北桥	06:14	06:11	22:14	22:41
剑川路	06:11	06:14	22:11	22:44
东川路	06:09	06:16	22:09	22:46
金平路	06:07	06:19	22:07	22:49
华宁路	06:04	06:21	22:04	22:51
文井路	06:02	06:24	22:02	22:54
闵行开发区	06:00	—	22:00	—

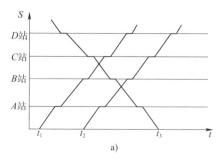 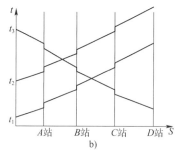

图 1-42 列车运行图图解表

列车运行图是运用坐标原理表示列车在各站和区间运行计划的一种图解形式,由时间线、站名线、运行线、列车车次、运行时刻组成。

在列车运行图中,横坐标表示时间,竖线代表时间线。横坐标用竖线按一定比例对横轴进行等分,代表不同的分钟和小时。一般城市轨道交通列车运行图采用一分格或二分格,即每一等分表示 1min 或 2min。

纵坐标表示车站,横线代表站名线(车站中心线位置)。根据区间实际运行时间或区间实际里程,将纵轴按一定的比例用横线加以划分,以车站中心线位置进行距离定点。

在列车运行图上,车站中心线的位置一般有下列两种确定方法。

(1) 按区间实际里程的比例确定:指车站中心线的位置按整条线路内各车站之间实际里程的比例来确定。采用这种方法时,从运行图上可以直接看出各站间距离的实际情况和大小。但由于各区间线路的平面和纵断面不一样,列车在各区间的运行速度也不同,所以列车在全线的运行线往往是一条斜折线。在实际运用中,既不整齐,也不易发现列车在区间运行时间上的差错,所以一般不采用这种方法。

(2) 按区间运行时间的比例确定:指车站中心线的位置按整条线路内各车站之间列车运行时间的比例来确定。采用这种方法时,可以使列车在整个区段的运行线基本上是一条斜直线,既整齐美观,又便于发现运行时分上的问题,所以多采用此法。如图 1-43 所示,甲—乙区段下行方向列车运行时分共计 100min。作图时,首先确定甲、乙站的位置,然后在代表乙站的横线上向右截取长度等于 100min 的线段,得 F 点。连接甲站、F 点,得一斜直线。最后下行列车在各区间的运行时分标出各车站的位置,通过这些点,即可画出代表 A、B、C、D 车站的横线。

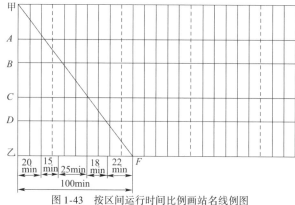

图 1-43 按区间运行时间比例画站名线例图

列车运行轨迹(径路)线即列车运行线,在列车运行图中,用斜线表示一般向上斜线表示上行列车,下斜线表示下行列车。在城市轨道交通系统中,存在不同类型的列车类型和不同的运行状态,为了记录不同类型列车运行的实际情况,通常用不同颜色的线条(表1-4)和符号(表1-5)来铺画列车运行线。

列车运行图上列车线条及意义　　　　　　　　　　　　表1-4

列车种类	符号	说明
客运列车	 ——	红色实线
临时加开列车	 ----	红色虚线
专运列车	 →→→	红色实线加箭头
排空列车	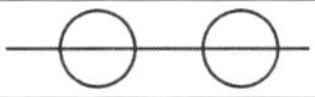 —○—○—	红色实线加圆圈
救援列车	 —×—×—	红色实线加叉
测试列车	 ——	蓝色实线
施工列车	 ——	黑色实线

列车运行图上有关符号及意义　　　　　　　　　　　　表1-5

序号	列车运行图上的表示符号	表示意义
1	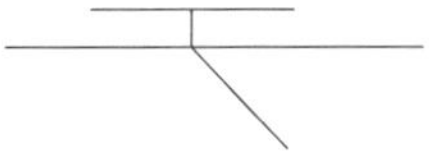	列车始发
2	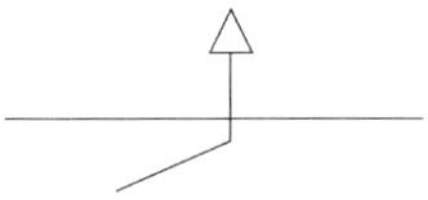	列车终到
3	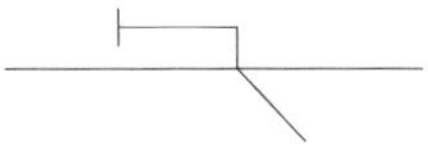	列车由临线转来
4	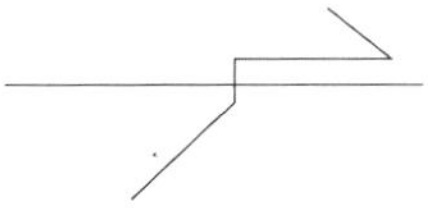	列车开往临线
5	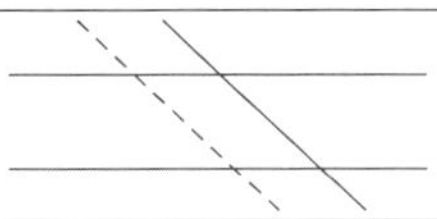	列车合并运行时,在红色实线下方加红色虚线
6	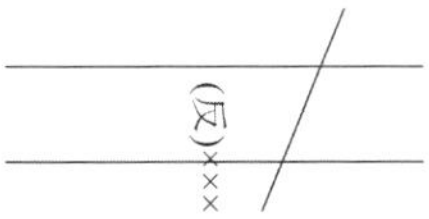 (反)××	列车反方向运行时,在反方向运行区间运行线上填写车次及"反"字
7	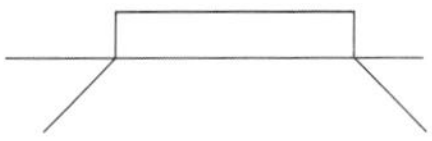	列车折返
8	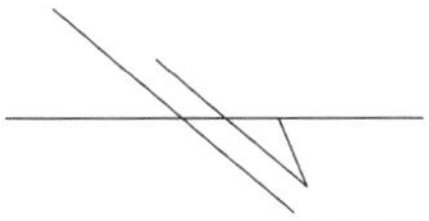	列车不停站通过,在列车运行线上方加带箭头的红色短实线

续上表

序 号	列车运行图上的表示符号	表 示 意 义
9	原因	列车停站超时,图解实际站停时间,并注明原因
10	原因	列车在区间停车,图解停车时间,并注明原因

注:列车早点用红笔画圈,并在圈内注明早点时分。列车晚点用蓝笔画圈,并在圈内注明晚点时分,晚点原因应简略注明。有关施工、封锁线路、设备故障、控制权下放等要在运行图中注明事项和原因。

列车运行图上每个列车均有不同的车次。一般按发车顺序编列车车次,上行采用偶数,下行采用奇数。同时,按不同的列车类别规定代号与列车号,如专运列车、客运列车、施工列车等。

在列车运行图上,列车运行线与车站的交点表示该列车到达、出发或通过的时刻。由于城市轨道交通列车停站时间较短,运行间隔较小,一般不标明到达、出发的不同时间。

2)列车运行图的分类

根据适用范围、时间格式和轨道线路的技术设备(如单线、双线)、列车运行速度、运行方式、上下行方向的列车数量和列车运行交路(如共线、非共线)等条件不同,列车运行图可以分为多种不同的类型。

(1)按照使用范围分类。

①工作日运行图:工作日运行图是根据每周工作日早晚出现的高峰客流特征而编制,主要满足城市居民上下班(学)的出行需求。

②双休日运行图:在每周的双休日出现的早晚高峰并不明显。根据城市轨道线路沿线分布不同特征,全日客流较工作日也有所减少或增加,该运行图是根据双休日实际客流特征而编制的。

③节假日运行图:节假日主要指元旦、春节、清明节、劳动节、端午节、中秋节和国庆节等法定节假日。节假日期间,在连接商业网点、旅游景点的轨道交通线路上,客流往往会有所增加。节日前的晚高峰小时客流会大于一般工作日早高峰小时客流。所以从运营经济性考虑,应根据不同的客流量编制不同的运行图,以满足运量需求。

④其他特殊运行图:该运行图通常是因举办重大活动、遇天气骤变而引起短期性客流的激增而编制的特殊运行图,或因新线开通设备调试、运行演练而编制的演练运行图等。

(2)按照时间格式分类。

根据时间轴的刻度不同,列车运行图可分为一分格运行图、二分格运行图、十分格运行图和小时格运行图。

①一分格运行图:横轴以1min为单位用细竖线加以划分,10min格和小时格用较粗的竖线表示。一分格运行图主要适用于行车间隔较小的城市轨道交通系统,如图1-44所示。

单元1　列车驾驶基础知识

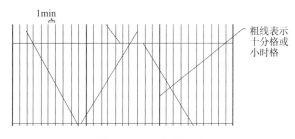

图1-44　一分格运行图

②二分格运行图:横轴以2min为单位并用细竖线加以划分。二分格运行图适用于行车间隔稍大的城市轨道交通系统,如图1-45所示。

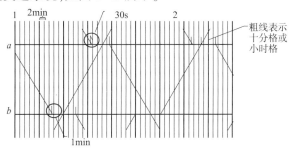

图1-45　二分格运行图

③十分格运行图:横轴以10min为单位用细竖线加以划分,半小时格用虚线表示,小时格用较粗的竖线表示。十分格运行图适用于市郊铁路和城际铁路等轨道交通系统,如图1-46所示。

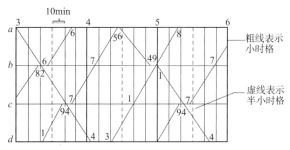

图1-46　十分格运行图

④小时格运行图:横轴以1h为单位用竖线加以划分。这种小时格运行图主要在编制乘客列车方案图和车底周转图时使用,如图1-47所示。

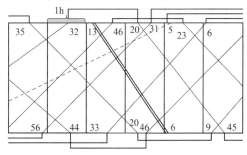

图1-47　小时格运行图

(3) 按照区间正线数目分类。

根据区间正线数不同,列车运行图可分为单线运行图、双线运行图和单双线运行图。

① 单线运行图:在单线区段,上下行方向列车都在同一正线上运行,列车的交会只能在车站进行。在城市轨道交通系统中,单线运行图使用较少,只在非正常情况下的列车运行调整期间使用,或在运量不大的市郊铁路开行区段上使用,如图1-48所示。

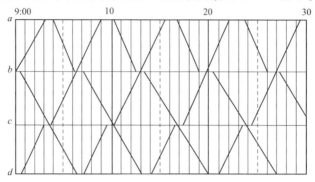

图1-48　单线运行图

② 双线运行图:在双线区段,上下行方向列车在各自的正线上运行,因此,上下行方向列车的运行互不干扰,可以在区间内或车站上交会。城市轨道交通系统一般都设有双线,采用双线运行图,如图1-49所示。

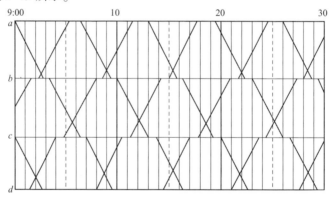

图1-49　双线运行图

③ 单双线运行图:在单线区间和双线区间按各自单线运行图和双线运行图的特点铺画运行线,在城市轨道交通线网中,只在非正常情况下的列车运行调整期间使用,如图1-50所示。

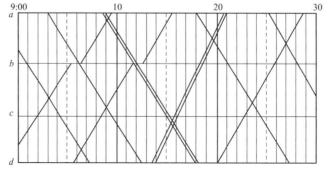

图1-50　单双线运行图

(4) 按列车之间运行速度差异分类。

根据列车之间运行速度差异不同,列车运行图可分为平行运行图和非平行运行图。

① 平行运行图:在平行运行图中,在同一区间内,同一方向列车的运行速度相同,且列车在区间两端站的到达、出发或通过的运行方式也相同,因而列车运行线相互平行,如图 1-51 所示。

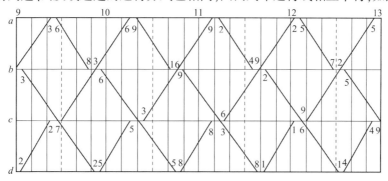

图 1-51　平行运行图

② 非平行运行图:在非平行运行图中,画有各种不同速度的列车,且列车在区间两端站的到达、出发或通过的运行方式不同,因而列车运行线不相互平行,如图 1-52 所示。

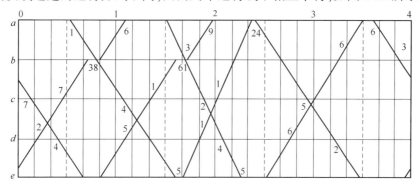

图 1-52　非平行运行图

(5) 按上下行方向的列车数分类。

根据上下行方向的列车数不同,列车运行图可分为不成对运行图和成对运行图。

① 不成对运行图:上下行列车数不相等的列车运行图为不成对运行图,如图 1-53 所示。

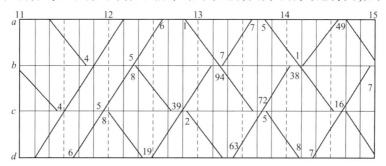

图 1-53　不成对运行图

② 成对运行图:上下行列车数相等的列车运行图为成对运行图,如图 1-54 所示。

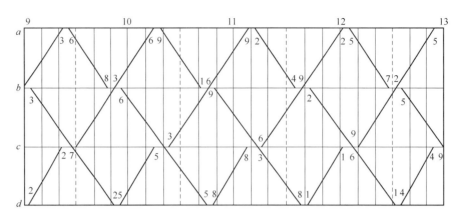

图 1-54　成对运行图

（6）按照同方向列车运行方式分类。

根据同方向列车运行方式不同，列车运行图可分为连发运行图和追踪运行图。

①连发运行图：在这种运行图上，同方向列车的运行以站间区间为间隔。单线区段采取这种运行图时，在连发的一组列车之间不能铺画对向列车，如图 1-55 所示。

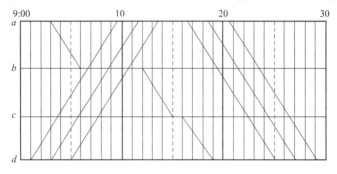

图 1-55　连发运行图

②追踪运行图：在这种运行图上，同方向列车的运行以闭塞分区为间隔，在一个站间区间内允许有几个列车按追踪方式运行，如图 1-56 所示。

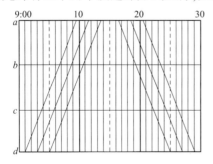 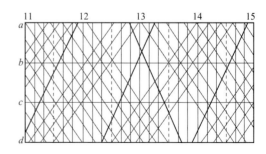

图 1-56　追踪运行图

上述分类都是针对列车运行图的某一特点对列车运行图加以区别的。实际上，每张列车运行图都具有多方面的特点。例如，某一区段的列车运行图可能既是双线的、平行的，又是追踪的。城市轨道交通系统的列车运行图因其系统特征所致，一般均为双线成对追踪平行运行图。在节假日、双休日、工作日使用的运行图则反映了不同的客流特点。

1.3.3 行车信号

1)信号分类

(1)视觉信号和听觉信号。

视觉信号是以信号灯的颜色、显示数目及灯光状态等表达的信号,如地面信号机、手信号旗、信号牌等。

听觉信号是以声音的强度、长短等方式来表示信号意义,如机车鸣笛等。

(2)固定信号和移动信号。

固定信号是固定设置在规定位置的信号装置,如地面信号机等。

移动信号是根据需要临时设置的信号装置,如实施临时限速时设置的限速告示牌和限速终止标牌等。

(3)地面信号和车载信号。

地面信号是设置在线路附近供司机辨识的信号,如图1-57所示。

车载信号是将地面信号通过传输设备或其他方式传输引入列车的信号,车载信号设备安装在列车的两端。

图1-57　地面信号

城市轨道交通地面采用的色灯信号机在结构上与铁路信号机基本相同,但在设置要求和显示意义方面与铁路有一定区别,对于信号机的显示距离也有自己的规定,除了车辆段和有道岔的正线车站外,其他地方一般不设置地面信号机。

城市轨道交通的自动化程度比较高,一般采用"地面信号显示与车载信号系统相结合、以车载信号系统为主"的运用方式。列车的运行速度不取决于地面信号机的显示,地面信号只起辅助作用。

2)颜色及其表示意义

(1)基本颜色。

红色:停车信号,禁止越过该信号机(信号熄灭或显示不明时,也应视为停车信号)。

绿色:允许信号,信号处于正常开放状态,可按规定速度通过该信号机。

黄色:允许信号,信号处于有限开放状态,要求列车注意或减速运行。

（2）辅助颜色。

月白色：用于指示调车作业时，表示允许越过该信号机调车；用于指示正线列车作业时，同时显示一个红灯信号，构成引导信号，表示准许列车越过显示红灯的信号机，并随时准备停车。

蓝色：用于调车信号机，表示禁止越过该信号机调车。

需要说明的是，我国城市轨道交通的信号系统没有对地面信号的显示方式和显示意义进行统一规定，因此信号显示存在一定差异。例如，有的城市轨道交通公司采用一个红色灯光和一个黄色的灯光构成引导信号。

3）地面信号机

（1）设置原则。

城市轨道交通采用右侧行车制，不论是在正线还是在车辆段，地面信号机应设置于列车运行方向的右侧。地面信号机地下部分一般安装在隧道壁上，特殊情况下，可以设置在列车运行方向左侧或其他位置。

设备限界是用以限制设备安装的轮廓线，信号机不得侵入设备限界。

车辆轮廓线是限制列车横断面最大容许尺寸的轮廓，将其扩大一定尺寸后即构成车辆限界。直线地段的设备限界是在直线地段车辆限界外扩大一定安全间隙后形成的。曲线地段设备限界应在直线地段设备限界的基础上，按平面曲线不同半径过超高或欠超高引起的横向或竖向偏移量，以及车辆、轨道参数等因素计算确定。城市轨道交通运营企业的《行车组织规则》中对各限界的数据有具体说明。

（2）正线信号机及表示器。

城市轨道交通有的车站设有道岔，有的车站仅有两条正线，因此应根据各站设备具体情况设置信号机。在正线中常用的信号机包括以下几种。

①防护信号机。

在正线道岔岔前和岔后适当地点设置防护信号机。

防护信号机采用三显示机构，自上而下为黄（或月白）色、绿色、红色，具体显示意义为：

黄（月白）色——道岔开通侧向位置，允许列车按照规定速度（一般限速不超过30km/h）越过该信号机，运行至折返点。

绿色——道岔开通直向位置，允许列车按照规定速度越过该信号机进入区间。

红色——禁止越过该信号机。

黄色+红色——引导信号，允许列车以不超过25km/h的速度越过该信号机进入区间。

正线上防护信号机用"X""F"等命名，以数字序号作为下标，下行咽喉编为奇数号，上行咽喉编为偶数号，从站外向站内顺序编号。

②阻挡信号机。

在线路尽头处设置阻挡信号机，表示列车停车位置。阻挡信号机采用单显示机构，只有一个红灯。当阻挡信号机显示红灯时，列车应在距信号机至少10m的安全距离前停下。

当车站设置有阻挡信号机时，与防护信号机共同顺序编号。

③通过信号机。

采用ATC系统的城市轨道交通系统，其自动闭塞通过信号机已经失去主体信号的作用，一般不在区间设置通过信号机。为便于司机在ATP设备发生故障时控制列车运行，可以根据需要设置通过信号机。

通过信号机采用三显示机构,自上而下灯位为黄色、绿色、红色。

④进、出站信号机。

车站可根据需要设置进、出站信号机,或仅设置出站信号机。

进站信号机设置在车站入口外适当距离,用于防护车站内作业安全。进站信号机显示一个红色灯光,表示不准列车越过信号机进入站内;显示一个绿色灯光,表示允许列车按规定速度越过信号机进入站内。

出站信号机设置在车站出口,即列车由车站向区间发车处前方,指示列车能否由车站进入区间。出站信号机显示一个红灯表示不准列车出站,显示一个绿灯表示允许列车出发进入区间。

⑤发车表示器(倒计时发车牌)。

车站可在正向出站方向站台一侧、列车停车位置前方适当地点设置发车表示器,向司机表示能否关闭车门及发车的时间。发车表示器平时不亮灯,列车停靠后无显示表示不能关闭车门、发车;距发车还有 5s 时白色闪光,提醒司机关闭车门;显示白色稳定灯光表示可以发车。

(3) 车辆段信号机。

在车辆段入口转换轨外方设置进段信号机。进段信号机显示及灯光配列可与防护信号机相同,也可采用双机构。

图 1-58 是某地铁公司车辆段与正线连接部分,图中 XJ1、XJ2 为进段信号机,XJ1 显示红灯,表示禁止列车进入车辆段;显示一个黄色灯光,表示允许进入车辆段,道岔 1 开通直向位置;显示两个黄色灯光,表示允许进入车辆段,道岔 1 开通侧向位置;显示一个红色灯光和一个白色灯光,表示引导信号。

车辆段出口处设置出段信号机,如图 1-58 中 SC1、SC2 所示,其显示及灯光配列可与防护信号机相同。

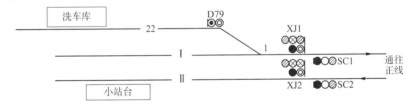

图 1-58 车辆段与正线连接部分

车辆段内其他地点可根据需要设置调车信号机,显示蓝色灯光表示禁越过该信号机调车,显示白色灯光表示允许越过该信号机调车。

在进段信号机内方的转换轨靠近车辆段的一端,设置红、白两显示列车阻挡信号机;车辆段内可根据需要另设红、白两显示调车信号机,红灯与白灯显示意义如下:

红灯——禁止列车越过该信号机。

白灯——允许调车,列车以不超过 25km/h 的速度越过该信号机。

地面设置的信号机平时应处于亮灯状态,它经常保持的显示状态称为信号机的定位显示。除自动闭塞通过信号机外,其他信号机一律以显示禁止灯光(红灯或蓝灯)为定位显示。

信号开放后,当列车第一轮对越过信号机所对应的绝缘后,该信号机应及时自动关闭。

根据调车作业实际情况,结合铁路信号设备的设计要求,调车信号机开放后需列车全部越过信号机后才自动关闭。

4)车载信号

如图 1-59 所示为车载信号面板布置。图 1-59 正中央为速度表,采用模拟和数字两种方式显示速度值。模拟信号是一个双色模拟环,绿色表示当前速度,而红色表示当前线路允许的速度。列车司机应按车载信号的指示运行。

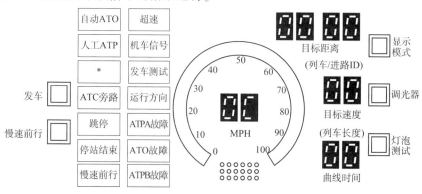

图 1-59 车载信号

5)手信号

手信号是一种移动信号,它们是由人直接挥动信号器和信号灯来下达的各种命令。信号旗有三种基本颜色:绿色、黄色、红色;信号灯(也叫号志灯)有四种基本灯光颜色:绿色、黄色、红色、白色。

手信号的种类很多,常见的有列车运行手信号、调车手信号、联系用手信号等。

(1)手信号的显示及执行要求。

位置适当,正确及时,横平竖直,灯正圈圆,角度准确,段落清晰。在显示手信号时,凡昼间持有手信号旗的人员,应将信号旗拢起,左手持红旗,右手持绿旗,不持信号旗的人员徒手按规定方式显示信号。确认或执行人员在确认手信号后应及时予以回应。

(2)指示列车运行条件手信号的显示及执行。

①停车手信号——要求列车停车。

昼间为展开的红色信号旗;夜间为红色灯光,如图 1-60 所示。

昼间无红色的信号旗时,两臂高举头上向两侧急剧晃动;夜间无红色灯光时,用白色灯光上下急剧摇动。

a)昼间停车

b)夜间停车

图 1-60 停车手信号

②减速手信号——要求列车降低到要求的速度。

昼间为展开黄色的信号旗;夜间为黄色灯光,如图1-61所示。

昼间无黄色信号旗时,用绿色信号旗下压数次;夜间无黄色灯光时,用白色或绿色灯光上压数次。

a)昼间减速　　　　　　　　　　　　　　b)夜间减速

图1-61　减速手信号

③前进手信号——指挥列车向显示人方向前进。

昼间为展开的绿色信号旗,在下部左右摇动;夜间为绿色灯光,在下部左右摇动,如图1-62所示。

在设有发车表示器的车站,按发车表示器显示发车。

a)昼间前进　　　　　　　　　　　　　　b)夜间前进

图1-62　前进手信号

④后退手信号——指挥列车向显示人及方向运行。

昼间为展开绿色信号旗,上下摇动;夜间为绿色灯光,上下摇动,如图1-63所示。

a)昼间后退　　　　　　　　　　　　　　b)夜间后退

图1-63　后退手信号

⑤道岔开通手信号——表示进路道岔准备妥当。

昼间为拢起的黄色信号旗,高举头上并左右摇动,夜间为白色灯光高举头上,如图1-64所示。

a)昼间道岔开通

b)夜间道岔开通

图1-64 道岔开通手信号

复习思考题

1. 简述城市轨道交通列车的类型及各类型列车的特点及作用。
2. 简述电话闭塞法时的接、发车作业流程。
3. 什么是电话闭塞？其使用时机是什么？
4. 简述 ATC 系统的定义及其作用。

单元 2 出退勤与交接班作业

教学目标
1. 掌握出勤作业流程和标准用语；
2. 掌握地铁列车乘务员退勤的作业规定和标准程序；
3. 能够完成一次标准的出退勤作业。

建议学时
4 学时

2.1 基本要求

人力资源和社会保障部与交通运输部联合制定的国家职业技能标准《轨道列车司机(城市轨道交通列车司机)》(2019 年版)，对城市轨道交通列车司机的职业活动内容进行了规范细致描述，对从业者的技能水平和理论知识水平作出了明确规定。其中要求城市轨道交通列车司机具有较强的逻辑思维、分析判断能力；具有较强的空间感和形体感知觉；心理素质好；有较好的语言(普通话)和文字表达、理解能力；听力、视力及辨色力良好；肢体灵活，动作协调性好，反应能力良好。

关于城市轨道交通列车司机的基本要求将从职业道德、基础知识、心理测试三个方面进行说明。

2.1.1 职业道德

城市轨道列车司机职业道德包括遵纪守法，爱岗敬业；服从命令，规范操作；安全正点，钻研业务；节能降耗，团结协作。

2.1.2 基础知识

城市轨道列车司机职业基础知识如下。
1) 设备、工具的使用与维护知识
(1) 仪器、仪表、工具的使用。

(2)电路图识图基础知识及常用电气符号。

(3)电磁感应基础知识。

(4)电机的结构、作用以及基本原理。

(5)常用控制电器种类、结构及作用。

(6)机械传动知识。

(7)机械识图知识。

(8)计算机基础知识。

2)行车知识

(1)行车组织规则和作业标准,车辆基地功能、运作等知识。

(2)行车线路线网构架基础知识。

(3)列车运行控制基础知识。

(4)列车运行图基础知识。

3)车辆知识

(1)车辆结构、组成和功能基础知识。

(2)车辆牵引系统、制动系统、门系统、辅助系统、走行部等基础知识。

4)通信信号知识

(1)车载信号设备知识。

(2)驾驶模式知识。

(3)人机交换界面知识。

(4)通信设备知识。

5)供电、轨道线路和站台门知识

(1)供电系统组成。

(2)轨道线路组成。

(3)站台门基础知识。

6)安全基本知识

(1)消防安全知识。

(2)用电安全知识。

(3)行车安全知识。

(4)公共安全防范知识。

(5)交通安全知识。

7)应急处置知识

(1)行车应急预案知识。

(2)车辆简单故障处理方法。

(3)通信信号简单故障处理方法。

(4)站台门应急处置方法。

(5)突发事件应急处置方法。

8)相关法律、法规知识

(1)《中华人民共和国劳动法》相关知识。

(2)《中华人民共和国劳动合同法》相关知识。
(3)《中华人民共和国安全生产法》相关知识。
(4)《中华人民共和国突发事件应对法》相关知识。
(5)《中华人民共和国消防法》相关知识。
(6)《中华人民共和国特种设备安全法》相关知识。
(7)《中华人民共和国反恐怖主义法》相关知识。
(8)《生产安全事故报告和调查处理条例》相关知识。
9)其他知识
(1)《国务院办公厅关于保障城市轨道交通安全运行的意见》相关知识。
(2)《国家城市轨道交通运营突发事件应急预案》相关知识。
(3)《城市轨道交通运营管理规定》相关知识。
(4)城市轨道交通安全运营管理相关知识。

2.1.3 心理测试

城市轨道列车司机职业心理测试包括如下内容。
1)心理健康
(1)情绪复原。
(2)价值取向。
(3)个性特征。
2)心理能力
(1)认知能力(判断力、注意力、学习能力)。
(2)心理适应能力。

2.2 出　　勤

2.2.1 出勤前的准备

出勤是列车司机一天工作的开始,是运营前的重要准备。司机必须提前出勤,准时出乘,严禁迟到、漏乘,请假必须按照有关规定提前办理。司机出勤在城市轨道交通车辆段车库的备班室或正线车站的备班室进行,司机要完成酒精测试、领取及确认行车备品记录,行车注意事项等任务。

(1)为了保证生理和心理状态的能满足工作要求,出勤前列车司机要保证充分休息,班前8h内不得饮酒,身体状况及心理状况需符合列车驾驶要求(图2-1)。如有不适,必须提前向班组长说明。

(2)列车司机须按照公司的要求穿戴制服、佩戴工号牌及其他规定佩戴的标志等。

(3)出勤前须携带驾驶证、司机手账、笔等备品,严禁无证上岗,不得携带与行车无关的物品。

(4)出勤前须了解当日值乘时间、地点及所接列车的车次,认真了解、抄阅有关行车命令、指示及注意事项并透彻理解。对值班人员传达的重要行车命令或通知要及时记录并由值班人员签字确认。

图 2-1　准备出勤

2.2.2　出勤作业流程

1）出勤点和出勤时间

列车司机需要在指定时间前达到指定地点，按照规定方式出勤。

停车场出勤时，列车司机应在列车出库时间前 30min 到达备班室出勤，听从值班员安排，并向值班员领取电动列车钥匙、司机报单、对讲机、应急包等行车物品。

正线出勤时，应在接车时间前 20min 到达线路车站的指定备班室出勤。

需要注意的是，如果司机本人身体不适或有重大事情引发情绪波动，而影响驾驶状态，需提前出勤至少 90min，向当值派班员和本班组司机长说明情况，以便安排替班司机保障运营。

2）出勤作业标准程序

出勤作业是列车司机一天工作的第一项内容，从出勤作业开始，乘务员就应当进入严谨守时、有条不紊的工作状态。

（1）完成出勤前的准备工作，前往备班室报道签到，如当值人员需要进行酒精或体温抽检时，出勤人员需主动配合。

（2）领取轮值表，严格正确执行轮值表上的行车任务。轮值表是乘务员一天工作任务和班次的指示单，内容包括当天任务开始和结束时间，任务持续时间，驾驶公里数，接车时间、地点和车次等。

（3）领取驾驶台激活钥匙和三角钥匙（或四角钥匙）。

（4）阅读相关安全指引及通告。乘务员必须于执行当天行车任务前，在备班室里了解和抄阅有关行车命令、指示和安全注意事项，经值班人员检查确认后方可上岗。

（5）检查行车备品：乘务员应携带手账、钥匙、手电、无线电手持电台、列车运行时刻表、列车运行状态记录单等。

2.3　交接班作业

交接班作业是指电动列车司机在工作中与其他司机完成任务交接，主要交接车次、车号、列车状态、行车备品、继续有效的调度命令、行车注意事项等。

2.3.1 车辆段内交接班作业

（1）列车司机在车辆段内交接班时，交接内容包括电动列车钥匙、驾驶专用物品、司机报单以及当日正线运行注意事项。

（2）对电动列车进行检查和试验了解，了解备用列车的技术状况，一旦发现列车故障或车辆状况不符合出库要求时，应及时向值班员报告。

（3）接班司机和交班司机交接完毕后，必须在司机报单上签字确认。

2.3.2 正线交接班作业

（1）列车司机在正线交接班时，接班司机需等交班司机办理完开关门作业后交接工作。交接内容包括电动列车钥匙、列车行驶交路所交接列车的技术状况、驾驶专用物品、司机报单、继续有效的行车命令以及其他有必要交接的内容。

（2）若遇到设备故障或发生事故情况，以及在规定时间内未交接完毕的，应随车继续交接，直至交接和处置完毕。

（3）接班司机和交班司机交接完毕后，必须在司机报单上签字确认。

2.4 退　　勤

2.4.1 退勤作业一般规定

列车司机在车辆段内退勤时，首先前往车辆段备班室办理退勤手续，与值班员进行移交，移交物品包括列车钥匙、司机报单、对讲机、应急包等。同时，将车辆状况、运行时间、列车故障及处置情况向值班员汇报。

列车司机在正线退勤时，同一班组人员到外勤备班室办理退勤手续，将值乘列车运行情况向值班员汇报，如发生故障或事故，须填写相关书面材料。

2.4.2 退勤作业流程

（1）按规定着装到达备班室退勤。将值乘中的车辆状况、运行情况等事宜向值班员汇报，必要时（如发生事故、服务纠纷等）写出书面报告。

（2）将三角钥匙及行车备品交回，当值人员确认无误后，给予退勤。

实训任务一　乘务员出勤

1）实训目标

（1）掌握地铁列车乘务员出勤的标准程序；

（2）掌握运营时乘务员须携带的行车备品；

（3）正确完成乘务员出勤标准化程序；

(4)能正确阅读轮值表、出车纸上相关信息；

(5)统一着装，符合地铁员工的着装、发型、配饰、卫生等规范；

(6)培养守时、严谨的工作态度。

2)工具与器材

手账、驾驶台激活钥匙、三角钥匙、四角钥匙、手电、无线电手持电台、司机包、轮值表、出车纸、列车运行状态记录单。

3)实训步骤

第一步，签到。

出勤前保证充分休息，班前8h内不得饮酒，以充沛的精力投入工作。按地铁相关规定进行着装后，携带电动列车驾驶证，提前35min到达备班室。如当值人员需要进行酒精或体温抽检，出勤人员需主动配合。

备班室的当值人员报告组号、姓名后，进行签到。报告内容为："××组、××、担当×××××任务，申请出勤。"

签到的主要内容有：组号、姓名、签到时间。

第二步，领取轮值表。

轮值表是乘务员一天工作任务和班次的指示单，内容包括当天任务开始和结束时间，任务持续时间，驾驶公里数，接车时间、地点和车次等。

乘务员应严格正确执行轮值表上的行车任务。

第三步，领取钥匙。

乘务员在执行运营任务时至少须携带驾驶台激活钥匙和三角钥匙(或四角钥匙)。

领取钥匙后，应在《钥匙领用、回收记录单》上进行签字确认。

第四步，阅读相关安全指引及通告。

乘务员必须于执行当天行车任务前，在备班室里了解和抄阅有关行车命令、指示和安全注意事项，经值班人员检查确认后方可上岗。

第五步，检查司机包。

检查司机包的过程即整备有关行车备品的过程。

乘务员应携带手账、钥匙、手电、无线电手持电台、列车运行时刻表、列车运行状态记录单等。

4)考核与评价标准

本任务考核与评价标准见表2-1。

乘务员出勤任务考核与评价标准　　　　　表2-1

任务一：乘务员出勤				
说明	教师按考核内容对学生逐一进行考核			
班级		姓名		
学习小组		考核时间		
考核内容	考核标准		分值	得分
签到	规定着装		10	
	按要求如实填写签到表		5	

续上表

考核内容	考核标准	分值	得分
领取轮值表	说出轮值表的各项内容	15	
领取钥匙	识别驾驶台激活钥匙、三角钥匙和四角钥匙	10	
	在规定表单上签字确认	5	
阅读相关安全指引及通告	阅读行车命令、指示和安全注意事项	10	
	在手账上抄写相关事项	10	
	交给组长/教师签字确认	5	
检查司机包	整理行车备品,携带齐全	15	
领取出车纸	正确填写出车纸上的车号、股道	10	
出勤作业时间	所有项目在5min内完成	5	
指导教师意见:			
任务完成人签字:		日期: 年 月 日	
指导教师签字:		日期: 年 月 日	

实训任务二　乘务员退勤

1）实训目标

（1）掌握地铁列车乘务员退勤的标准程序；

（2）能正确汇报列车状况及突发情况；

（3）统一着装,符合地铁员工的着装、发型、配饰、卫生等规范；

（4）培养守时、严谨的工作态度。

2）工具与器材

手账、驾驶台激活钥匙、司机包、三角钥匙、四角钥匙、无线电手持电台、轮值表、列车运行状态记录单。

3）实训步骤

（1）按规定着装到达备班室退勤。

向当值人员报告："××组、××担当××××任务,申请退勤"。

乘务员将值乘中的车辆状况、运行情况等事宜向值班员汇报,必要时(如发生事故、服务纠纷等)写出书面报告。

（2）乘务员将三角钥匙及行车备品交回,当值人员确认无误后,给予退勤。

4）考核与评价标准

本任务考核与评价标准见表2-2。

乘务员退勤任务考核与评价标准   表2-2

任务二：乘务员退勤			
任务说明	教师考核组长所属一组，组长对组员考核		
班级		姓名	
学习小组		考核时间	
考核内容	考核标准	分值	得分
着装	规定着装	20	
退勤汇报	用语正确、汇报完整	10	
运营说明	按实际情况汇报车辆状况、运行情况	10	
书面报告	能够写出运营事故报告	20	
交还备品	上交填写完整的列车运行状态记录单	10	
	交还轮值表	10	
	交还无线电手持电台	10	
	交还列车钥匙	10	
指导教师意见：			
任务完成人签字：		日期：　年　月　日	
指导教师签字：		日期：　年　月　日	

复习思考题

1. 城市轨道交通列车司机具有的职业能力特征有哪些？
2. 简述地铁列车司机出勤前应准备哪些工作。
3. 简述地铁列车司机出勤作业流程。
4. 简述地铁列车司机退勤作业流程。

单元 3　出入车辆段作业

教学目标

1. 掌握列车驾驶台基本操作；
2. 掌握列车送电前巡视检查注意事项；
3. 掌握列车送电后试验流程；
4. 掌握列车出段(场)作业流程；
5. 掌握列车入段(场)作业流程。

建议学时

8 学时

3.1　列车基本操作

3.1.1　司机室主要设施

司机室,主要包含司机驾驶台、保险控制柜、应急逃生梯、司机室门、司机座椅、随车工具备品等。

(1) 司机驾驶台,主要包含司机控制器、开关客室门按钮、仪表、指示灯、车载显示屏、车辆信息显示屏、激活钥匙、广播、无线电台、相关保险等,如图 3-1 所示。

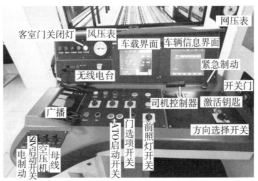

图 3-1　司机驾驶台布局

（2）保险控制柜，主要包含蓄电池保险、相关制动控制保险、车载系统保险、电气设备保险、各旁路保险等，如图 3-2 所示。

（3）列车显示屏。

①车载显示屏，主要显示列车运行信息，例如行车速度、移动授权、驾驶模式、牵引制动信息等，也可进行相关驾驶模式更换及其他自检、设置等操作，如图 3-3 所示。

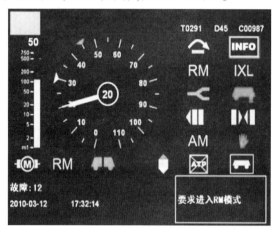

图 3-2　保险控制柜　　　　　　　　　　图 3-3　车载显示屏

②车辆信息显示屏，也称人机交互接口（HMI），主要显示车辆各电气设备信息，如客室门状态、网压、网流、静止逆变器（SIV）❶、制动压力、空调通风等信息，也可进行相关设备控制操作，如图 3-4 所示。

图 3-4　车辆信息显示屏（HMI）

---

❶　SIV 的功能是将接触轨或接触网高压直流电转换为 380V 交流电，为列车各电气设备及车载系统提供电力，不包含牵引电机供电。

3.1.2 驾驶台基本操作

1)起动、关闭列车

(1)起动列车:在确认接触轨正常送电情况下,闭合 SIV 开关,开启蓄电池保险,即实现了列车的起动。插入激活钥匙,即可对本端司机室进行相关操作。

(2)关闭列车:在确认本端司机室处于激活状态下,关闭各负载,关闭 SIV 开关,关闭蓄电池保险,即实现了列车的关闭。

2)更换司机室

将本端司机室司机控制器置于"紧急"位,方向选择开关置于"0"位,按顺序关断各负载开关,激活钥匙置于"断开"位并取下,确认司机室各开关位置正确,锁闭好司机室各门后,由客室通道迅速到末端司机室,插入激活钥匙置于"开"位,方向选择开关置于"向前"位,按顺序闭合各负载开关,建立相应的车载模式,然后进行制动机简略试验,各仪表和指示灯显示正常,更换操纵台作业完毕。

3)牵引、制动

(1)司机控制器,是司机手动驾驶列车及试验列车相关性能的重要设备,一般分为牵引部分、空位、制动部分。司机控制器上部为可按下且自复位的警惕开关,司机在操纵列车时须保持警惕开关按下,否则在牵引状态、空位、制动 1~3 时松开警惕开关,会造成列车自动施加紧急制动。司机控制器如图 3-5 所示。

(2)牵引试验,在列车检查作业结束后,按压"复位"按钮,将司机控制器放置于"0"位,再将司机控制器放置牵引1级约0.5s并回置"0"位,观察 HMI 牵引电流,且保持制动应缓解。

(3)制动试验,将司机控制器手柄逐级在各制动级位试验,观察 HMI 及风压表是否显示正确的制动施加及制动压力。

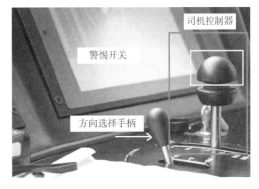

图 3-5　司机控制器

(4)警惕开关试验,将司机控制器至于"0"位或制动 1~3 级,松开警惕开关后列车应自动施加紧急制动;将司机控制器至于"紧急"位再恢复至其他级位,紧急制动即可缓解。

4)开关客室门

将门模式开关置于"手动"位置,门选项开关置于相应开门侧,同时按压两个相应侧开门按钮(不少于3s),相应单侧客室门即全列打开,观察 HMI 车门开启状态。按压开启侧客室门的关门按钮(不少于3s)即关闭相应侧全列车门,观察 HMI 车门关闭状态。另一侧车门开关方式同理。

5)广播

列车广播模块具有自动报站、播报预录语音、客室紧急人工广播、首尾司机室通话等功能。

(1)自动广播:打开司机室通道门,以便确认车厢内广播真实播放状态。

①确认广播电源灯、主机灯、监听按钮灯点亮;选定上/下行按钮。

②选定某个车站代码后,按下确认键代码停止闪烁,再按下开始键,开始键灯点亮,列车进行自动报站,报站停止后代码自动步进。

③按下"↑"代码向上步进;按下"↓"代码向下步进。

(2)人工广播:打开司机室通道门,使用话筒按下口播键人工广播。

6)其他操作

(1)车载电台:确认指示灯显示正常,录音及通话设备作用良好及车号和电台模式,可与车辆段内信号楼值班员进行联系以试验通话功能。

(2)强迫泵风:按压强迫泵风按钮,观察HMI两台空压机同时启动,此功能可快速为制动风缸补风(此按钮为自复位按钮,松开即停止强迫泵风,风压过高时会自动泄压)。

(3)紧急制动按钮:按下驾驶台紧急制动按钮,列车施加紧急制动;顺时针旋转按钮复位,将司机控制器置于"紧急"位再恢复至其他级位,紧急制动即缓解,如图3-6所示。

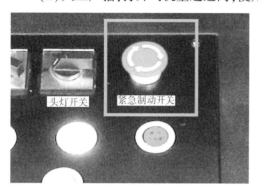

图3-6 驾驶台紧急制动按钮

3.2 列车静态检查

3.2.1 送电前检查路线

列车送电前检查,即停于车库的列车,下部接触轨或上部接触网未送电时的列车检查。检查路线为从首端司机室外部开始,检查车头部分,进入首端司机室检查,沿列车一侧巡视检查车体、车底至尾端司机室,进入尾端司机室检查,经过尾端车头并检查,再沿另一侧列车巡视检查车体、车底至首端车头。列车送电前巡视检查路线如图3-7所示。

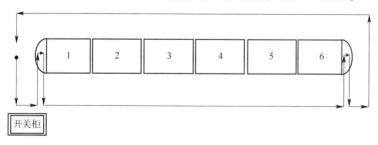

图3-7 列车送电前巡视检查路线

3.2.2 送电前检查要点

出库前乘务员应按照突出重点、照顾一般的原则,对列车关键部位重点检查,其他部位适当注意。

(1)由于停车库往往规模较大,列车停放数量较多,乘务员在进行相关列车检查试验作业之前,须认真确认作业计划,明确停车区域、停车股道、车型、车号,避免混淆车辆。

(2)乘务员准确找到目标列车后,确认接触轨或接触网开关柜闸刀在断开位置且已加锁,确认列车两侧及检修地沟内无人员作业,确认无异物侵入限界或妨碍接触轨送电。

(3)列车司机室,主要检查驾驶台各开关、按钮、操纵手柄、铅封等部件均应在规定位置(蓄电池开关、负载开关在断开位置),以及保险控制柜内各保险处于规定位置。灭火器、呼吸器、通信设备等各种随车工具备品数量齐全、按规定位置摆放且功能正常。另一端列车司机室检查方法同理。

(4)列车外部两侧的检查,主要确认转向架机械走行部、受流器及高压母线、各电器箱锁闭装置、车钩等重要部位的外观状态无异常,风管路塞门位置正确,车体外观及玻璃无异状。

送电前巡视检查作业完成后,乘务员即可联系相关工作人员,申请接触轨或接触网送电,如图3-8、图3-9所示。

图3-8 列车断、送电开关柜

图3-9 库内列车及检修沟

在进行检查时,需要特别注意如下两点:

(1)在检查列车两侧时,禁止乘务员擅自打开车下各电气箱盖,避免受到某些电器残留余电电击,且禁止触碰车下高压部件,如图3-10~图3-12所示。

图3-10 车底电气箱

图3-11 车底受流器

(2)进行送电前巡视检查作业之前,乘务员须确认接触轨(接触网)开关柜处于断开状态。

3.2.3 送电后检查

接触轨或接触网送电完毕后,乘务员进入首端司机室,确认网压表数值正常后(不同运营线路的网压规格不同,一般为直流750V或直流1500V),闭合SIV、蓄电池开关。

a)空气簧总塞门

b)防滑阀塞门

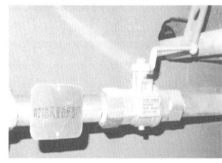
c)总风管塞门

d)总风缸塞门

图 3-12　列车底部风管路塞门

(1) 列车起动后, 确认 110V、24V 电压表数值在规定范围内。

(2) 人机交互接口(HMI)自检结束后, 在总体界面对以下各项进行检查: 车次、编组号、时间、类别、终点站、当前位置、列车编组、车门状态、电压、电流、电机电流、制动缸压力、空气压缩机、SIV、乘车率、空调、加热器、高压母线、制动级位、驾驶模式、速度的显示状态等。车辆信息显示屏如图 3-13 所示。

图 3-13　车辆信息显示屏

(3)闭合空气压缩机启动开关,其工作状态应符合相关指标(一辆列车底部前后装有两台空气压缩机,作为列车空气制动的风源。列车两台空气压缩机一般采取单双日交替工作,不同型号列车对空气压缩机的工作参数设置不尽相同。一般而言,当总风压力低于某一值时,两台空气压缩机自动同时启动;压力值在合理范围时,一台空气压缩机启动;风压低于某些数值时,两台空气压缩机同时启动,且列车自动施加紧急制动或停放制动,待风压上升至相应数值后相关制动缓解;当空压机打风过多时,安全阀喷气泄压)。

(4)闭合客室照明、辐流风机开关。

(5)确认 HMI 中 SIV、空气压缩机显示正常后,下车巡视确认空气压缩机、SIV 辅助逆变器、VVVF(主逆变器)无异音、异味、异状。列车送电后巡视检查路线如图 3-14 所示(注意巡视过程中不可触碰相关车底带电部件)。

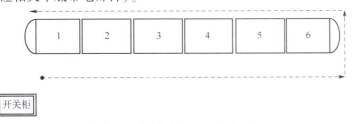

图 3-14　列车送电后巡视检查路线

3.2.4　送电后列车性能试验

巡视作业结束后,乘务员回到首端司机室,对列车相关性能进行试验,主要包含列车基础性能试验及服务设备试验。具体试验内容如下:

(1)进行头灯弱光、强光,电笛试验。

(2)试灯试验。按下试灯按钮后,开门灯、关门灯、门允许灯、起动试验灯、紧急制动灯应点亮,松开试灯按钮后相应被测试指示灯(按钮)熄灭。

(3)雨刮器试验。按下雨刮水泵按钮喷出清洁液(在水箱有水的情况下进行此项试验),将雨刮器开关分别置于"低速""高速"位试验;试验结束雨刮器开关置于"停止"位,确认雨刮器应停在规定位置。

(4)制动性能试验。插入司机室激活钥匙将本端司机室激活,方向选择手柄置于"前"位。点击车载显示界面制动试验按钮,列车施加紧急制动,通过 HMI 观察各车厢制动缸相关压力及双针压力表制动缸压力,来判断紧急制动功能状态;点击缓解按钮,紧急制动缓解。通过司机控制器手柄再次进行制动试验,逐级施加及缓解制动试验,观察 HMI 及双针压力表的压力显示。列车试闸操作界面如图 3-15 所示。

(5)进行警惕开关试验。

(6)进行紧急按钮试验。

以上试验完毕后,将司机控制器手柄放置最大常用制动位(B7 位),确认 HMI 各制动缸压力正常后,离开本端司机室,对列车两侧进行第三次巡查,检查各闸瓦应正常动作,密贴车轮。列车送

图 3-15　列车试闸操作界面

电后车外巡视检查路线如图3-16所示。

图3-16　列车送电后车外巡视检查路线

巡视完毕后,乘务员回到首端司机室进行下列相关试验:

(1)强迫泵风试验。按下强迫泵风按钮,观察 HMI 中两台空压机工作状态为"ON",或听声音可以判断两台空气压缩机同时启动,同时观察风压表总风压力迅速上升。

(2)车门试验:主要检验其全开、关性能,一般每侧车门开、关试验2~3次或按相关规定执行(开、关门按钮应按压3s以上,按压时间过短可能造成部分车门无法正常开启或关闭),如图3-17所示。

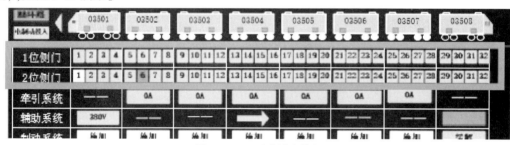

图3-17　HMI 车门状态信息

(3)进行广播试验。

(4)进行车载电台试验。

以上试验作业结束后,更换司机室操纵台(闭合客室照明、辐流风机开关),到尾端司机室进行相关试验,操作流程同本端司机室。乘务员经过客室时,检查服务设施状态、照明、辐流风机等工作状态。列车送电后客室内巡视检查路线如图3-18所示。

图3-18　列车送电后客室内巡视检查路线

尾车试验完毕,乘务员回到前端司机室,按下"控制复位"按钮,开启库门,鸣笛,使用牵引一级点动试验,此时保持制动应缓解,HMI 制动画面里制动施加应显示缓解,BC 压力值显示为"0"(乘务员可根据季节要求开启客室空调或客室座椅电暖)。

在进行检查时,需要特别注意如下事项:

(1)对于可停放双排列车的车库,停于里侧的列车,试验完毕后,当外侧股道空闲后,乘务员应及时申请更换停车区域,根据调车信号机白灯将列车运行至外侧股道等待探头作业。

(2)乘务员须在有踏板的车门处上下车。下车时要抓稳扶牢,并确认地面位置,严禁从司机室直接跳下。

(3)在出库前列车发生故障,乘务员应及时告知车辆段(场)值班室工作人员,以便安排抢修或更换其他备用车辆。

(4)两端司机室激活钥匙,同一时间只允许一端处于激活状态,两端均处激活状态则两端司机室均无法进行列车控制,如图 3-19 所示。

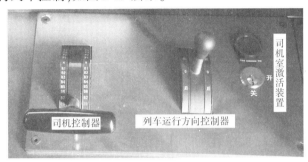

图 3-19 司机控制器、列车运行方向控制器及司机室激活钥匙装置

3.2.5 列车上线技术要求

根据车辆技术特性及城市轨道交通运营企业技术要求,一般情况下,遇下列典型情况,禁止列车出库投入正线运营:

(1)受流器(受电弓)及高压电路故障;

(2)高压主、辅电路保护装置有一项不良;

(3)牵引、制动电路故障影响行车;

(4)辅助电路故障影响行车;

(5)蓄电池电压过低及前照灯、尾灯有一项不良;

(6)各仪表及指示灯(包括司机室 HMI、开门灯、关门灯、报警灯、发车灯、前大灯、尾灯和车体外侧门状态显示灯、制动不缓解灯等)不显示或显示不正常;

(7)牵引电机故障;

(8)SIV 有一台不能正常工作;

(9)空气压缩机有一台不能正常工作;

(10)制动系统作用不良;

(11)总风漏泄严重;

(12)车门装置作用不良;

(13)车体车顶安装不良、倾斜、变形超限;

(14)转向架或车轮有裂纹;

(15)空气簧不能充气或漏气严重;

(16)电笛作用不良;

(17)列车广播作用不良;

(18)头、尾灯作用不良;

(19)列车无线电台通信设备故障,不能与行车调度员、车站保持联系;

(20)ATP 车载设备故障;

(21)空调故障(使用空调季节);

(22)司机室门、锁故障时;

(23)停放制动系统作用不良;

(24)客室辐流风机不启动;

(25)司机室各开关、按钮作用不良。

3.3 出车辆段作业

3.3.1 作业流程

(1)司机按规定内容巡视、检查、试验列车,车辆技术状态应符合电动列车上线技术标准。

(2)列车出库前应确认车库大门开启到位并安全妥当,人员处于安全位置。

(3)提前规定出库时间10min,乘务员确认平交道无人、无异物,鸣笛一长声,以3km/h的速度通过库门,将车头探出库门外,联系信号楼值班员,待发。

(4)司机确认出库信号开放后,对信号机进行呼唤并通过手指确认,与信号楼值班员联系执行互通制度,断开各负载开关(SIV、空压机除外),确认平交道无人无异物,鸣笛一长声,驾驶列车出库。

(5)由停车列检库各股道出库运行的列车,司机应凭出库调车信号机显示的白色灯光人工驾驶列车出库运行;对于具备自动驾驶信号系统的车辆段(场),一般设置黄-白-红三显示出库信号机,可以凭借黄灯(列车进路)或白灯(调车进路)信号自动驾驶或人工驾驶列车出库(部分车辆段、停车场调车信号机为白-蓝两显示调车信号机,蓝灯等同于红灯)。三显示出库信号机如图3-20所示。

图3-20 三显示出库信号机的三种显示状态

(6)车场运行应加强瞭望,禁止列车以超过25km/h的速度运行。注意信号显示和道岔状态,确认无人员或异物侵入限界,发现异常应果断采取措施。

(7)列车在段(场)运行或作业时,必须断开母线控制开关(避免列车联通段场内未送电区域),只闭合SIV开关、空气压缩机开关。

(8)列车运行至转换轨绿-红两显示出段(场)信号机前停车,闭合各负载开关(如母线开关、电制动开关、客室辐流风机开关、客室照明开关、通风空调开关、座椅电加热开关等)。

(9)将列车驾驶模式升级为正线运行所规定的高级模式;确认车载无线电台通信区域由

车辆段(场)区域变更为行车调度区域。

(10)观察出段(场)信号机显示及发车计时器(TDT)时间提示,信号机开放绿灯后,对出段(场)信号机信号及车载授权速度码进行呼唤确认,乘务员起动列车进入正线运营(采用站间自动闭塞法行车时该信号机为闪动绿灯)。

3.3.2 注意事项

(1)列车在出段(场)的转换轨出段(场)信号机前按规定位置停车,闭合各负载(母线开关、电制动开关等),将列车驾驶模式升级为正线默认模式,凭车载信号的目标速度显示及出段(场)信号机的绿色灯光显示进入正线运行。若列车未收到正线信号或驾驶模式升级失败,及时联系行车调度员,按其指示办理。

(2)列车在探出库门等待信号时,段(场)内调车进路及调车信号为由远及近开放,司机须确认信号确为本列车股道所开放,如图3-21、图3-22所示。

图3-21　列车出库探头作业

图3-22　出库调车信号白灯

(3)段(场)内运行列车,司机须认真确认信号、道岔,严格遵守运行速度(不大于25km/h),严格执行呼唤确认制度,手动驾驶时应低级位牵引列车。

(4)列车在出段(场)信号机前(转换轨处)等待信号时,若在规定时间未开放信号,乘务员应及时联系行调确认情况;人工驾驶列车运行至出段(场)信号机前的情况下,乘务员应注意停车位置准确,避免影响接收正线地面信号而造成列车驾驶模式升级失败。出段(场)信号机如图3-23所示。

图3-23　出段(场)信号机

3.4　入车辆段作业

3.4.1　列车回段

(1)回段的列车,在终点站清人作业完毕后,凭车载信号的目标速度显示回段。运行时应注意观察信号机的显示情况。

(2)当列车接近黄-绿-红三显示进段(场)信号机,或该信号机进入视野范围时,司机对信号机进行呼唤确认(正常情况应为绿灯)。进段(场)信号机的三种显示方式如图3-24所示。

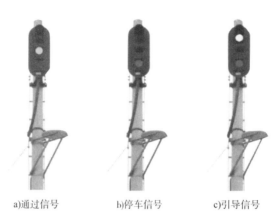

a)通过信号　　b)停车信号　　c)引导信号

图3-24　进段(场)信号机三种显示方式

(3)列车须在入段(场)"小站台"位置,即入段(场)第一架调车信号机前的规定位置停车。对于具备自动驾驶信号系统的车辆段(场),该位置一般设置黄-白-红三显示进库信号机,在自动驾驶模式下,列车在此进库信号机前停车。

(4)列车在第一架调车信号机或进库信号机前停车后,根据不同型号列车,将驾驶模式由超速防护驾驶模式降级为限制人工驾驶模式(RM)或点式驾驶模式,断开母线控制开关、电制动开关、列车空调或供暖开关等,只保留辅助逆变器及空气压缩机工作。

(5)乘务员与信号楼值班员执行互通制度后,凭地面调车信号机显示的白色灯光进入段(场)区段运行;或根据进库信号机黄灯(列车进路)自动驾驶或白灯(调车进路)人工驾驶进入段场区段。

(6)段场区段列车应以不超过25km/h的速度运行,注意地面调车信号显示和道岔状态,确认无人员及异物侵入限界,发现异常应果断采取措施。

图3-25　列车入库

(7)列车入库前应在库门停车标前停车,凭入库指挥人员显示允许入库信号,司机确认三轨(接触网)开关柜闭合,鸣笛一长声,以3km/h的速度通过库门,以不超过5km/h的速度入库(图3-25)。在尽头线20m处,将列车速度降至3km/h以下,并按规定位置停车(在库内行车,司机须严格遵守限速要求、精神集中)。

3.4.2　列车入库后作业

车辆回库停于规定位置后,应进行如下操作:

(1)断开本端司机室各负载开关(SIV、空气压缩机、蓄电池、车头前照灯、客室照明等)。

(2)将司机控制手柄置至于"紧急"位,方向选择开关置于"零"位,关闭激活钥匙并拔出。

(3)携带随车备品,从司机室通道门离开,并锁好司机室门。
(4)乘务员由车内返回尾端司机室,并对客室相关设备设施进行巡查。
(5)在尾端司机室插入激活钥匙,激活尾端司机室,关闭相关负载开关及客室照明、通风等,关闭 SIV、蓄电池,关闭激活钥匙并拔出。
(6)锁好尾端司机室门,向相关工作人员申请接触轨(接触网)断电。
(7)乘务员回到车辆段(场)值班室进行交接工作。

在进行列车入库后作业时,需要特别注意如下事项:

对于带有故障的列车回段(场),入库停车后,为不影响故障调查取证,一般不进行列车关闭及断电作业,乘务员应将情况及时汇报段(场)值班员,填写故障情况说明,并配合检修工作人员相关工作。对于列车回库后有客室保洁作业需求的,列车司机应将客室门开启后再对列车断电。

实训任务一 列车送电前检查

1)实训目标
(1)掌握列车处于可服务状态的标准;
(2)掌握列车检查的标准巡视路线;
(3)掌握列车送电前的检查项目;
(4)掌握列车送电前各项目的检查标准;
(5)能在规定时间内熟练完成列车送电前检查;
(6)培养一丝不苟的工作态度和快速准确的工作能力。

2)工具与器材
模拟舱、手电筒、手持电台。

3)实训步骤
(1)检查停车股道、车型、车号;
(2)检查接触轨(接触网)开关柜闸刀位置;
(3)检查车辆两侧及车下检修沟;
(4)检查无异物侵入车辆限界;
(5)检查无异物妨碍接触轨(接触网)送电;
(6)检查转向架机械走行部;
(7)检查基础制动装置;
(8)检查车底各吊挂部件;
(9)检查电气箱锁闭装置;
(10)检查风管路塞门;
(11)检查各部件紧固螺丝及其迟缓线;
(12)检查车体外观;
(13)检查两端司机室各开关、保险、操纵手柄位置及随车备品。

4)考核与评价标准
本任务考核与评价标准见表3-1。

列车送电前检查任务考核与评价标准　　　　表 3-1

任务一:列车送电前检查			
任务说明	教师按考核内容对学生逐一进行考核		
班级		姓名	
学习小组		考核时间	
序号	考核内容	分值	得分
0(准备)	规定着装,领取手电筒	5	
1	确认停车股道、车型、车号	5	
2	确认接触轨(接触网)开关柜闸刀位置	失格	
3	确认车辆两侧及车下检修沟	10	
4	确认无异物侵入车辆限界	10	
5	确认无异物妨碍接触轨(接触网)送电	10	
6	确认转向架机械走行部	10	
7	确认基础制动装置	5	
8	确认车底各吊挂部件	10	
9	随意触摸车下吊挂部件	失格	
10	确认电气箱锁闭装置	10	
11	确认风管路塞门	5	
12	确认各部件紧固螺丝及其迟缓线	5	
13	确认车体外观	5	
14	确认两端司机室各开关、保险、操纵手柄位置及随车备品	10	
指导教师意见:			
任务完成人签字:		日期:　年　月　日	
指导教师签字:		日期:　年　月　日	

实训任务二　列车静态调试

1)实训目标

(1)掌握起动作业标准程序;

(2)掌握列车送电后巡视检查的重点项目;

(3)掌握制动试验的标准程序;

(4)掌握开关门试验流程;

(5)理解除制动试验和开关门试验外列车静态调试的主要项目和方法;

(6)能在规定时间内熟练完成列车静态调试;
(7)培养一丝不苟的工作态度。
2)工具与器材
模拟舱、驾驶台激活钥匙、手持电台、手电筒。
3)实训步骤
(1)确认网压表(地铁网压一般为750V或1500V两种规格)和闭合蓄电池(110V)状态;
(2)确认各仪表、指示灯状态;
(3)确认列车 HMI 显示状态;
(4)闭合 SIV 启动开关;
(5)确认 SIV 启动,输出电压为360～399V,输出频率49～51Hz;
(6)闭合空气压缩机启动开关;
(7)闭合客室照明、辐流风机开关;
(8)锁好驾驶室门,对列车两侧进行送电后巡视(确认车下电气箱无异音、异味);
(9)巡视完毕后回到首端司机室,进行试灯按钮试验;
(10)确认 HMI 空气压缩机运转状态(总风压力低于0.45MPa 停放制动施加,低于0.6MPa 紧急制动施加,低于0.75MPa 两台空气压缩机同时工作,压力为0.75～0.9MPa 时一台空气压缩机工作);
(11)确认 HMI 车门显示状态;
(12)确认 HMI 网压电流显示;
(13)检查 HMI 牵引/制动级位显示;
(14)进行前照灯、电笛试验;
(15)检查 BC 压力显示;
(16)确认母线状态、显示;
(17)进行强迫泵风试验;
(18)进行操纵手柄制动、缓解试验;
(19)进行操纵手柄警惕开关试验(牵引4级至制动3级之间,松开警惕开关列车开始紧急制动);
(20)进行紧急按钮试验(按下后顺时针旋转按钮复位,操纵手柄拉至紧急位再回至其他级位紧急制动缓解);
(21)将操纵手柄放置最大常用制动位,锁好司机室门,巡视列车两侧检查闸瓦密贴车轮状态;
(22)回到首端司机室后,检查 MMI(人机界面)显示状态,点击"info"按钮试闸,检查红蓝网状态;
(23)分别进行列车两侧车门试验;
(24)进行列车广播试验,检查电台状态;
(25)锁好司机室门,检查客室,进入尾端司机室进行试验;
(26)回到首端司机室,闭合复位按钮,鸣笛提示,进行列车牵引点试验;
(27)列车试验结束后,将列车最高驾驶模式设置为相应规定模式(如 CTC 模式)。

4）考核与评价标准

本任务考核与评价标准见表3-2。

列车静态调试任务考核与评价标准 表3-2

任务二:列车静态调试			
任务说明	教师按考核内容对学生逐一进行考核		
班级		姓名	
学习小组		考核时间	
序号	考核内容	分值	得分
1	确认网压表,启动蓄电池	10	
2	确认各仪表、指示灯状态、HMI 显示状态	5	
3	启动 SIV,确认 SIV 输出为 360～399V,输出频率为49～51Hz	5	
4	开启空气压缩机、客室照明、辐流风机	5	
5	锁好司机室门,对列车两侧进行送电后巡视(确认车下电气箱无异音、异味)	5	
6	巡视完毕后回到首端司机室,进行试灯按钮试验	5	
7	确认 HMI 空气压缩机运转状态、HMI 车门显示状态、HMI 网压电流显示情况	5	
8	进行操纵手柄制动、缓解试验	10	
9	进行操纵手柄警惕开关试验,紧急按钮、强迫泵风试验	10	
10	将操纵手柄放置于最大常用制动位,锁好司机室门,巡视列车两侧检查闸瓦密贴车轮状态	5	
11	回到首端司机室后,检查 MMI 显示状态,点击"info"按钮试闸,检查红蓝网状态	5	
12	分别进行列车两侧车门开关试验各两次(观察 HMI 及列车外部两侧门指示灯确认车门开关状态)	10	
13	进行列车广播试验,检查电台状态、前照灯试验	5	
14	进行尾端司机室试验	失格	
15	回到首端司机室,闭合复位按钮,鸣笛提示,进行列车牵引点试	10	
16	列车试验结束后,将列车最高驾驶模式设置为相应规定模式(如CTC 模式)	5	
指导教师意见：			
任务完成人签字：		日期： 年 月 日	
指导教师签字：		日期： 年 月 日	

实训任务三　出车辆段作业

1）实训目标

(1) 掌握列车出库、段/场的操作流程；

(2) 掌握列车出库、段/场的安全规定；

(3) 遵守列车库内、段内运行的一般规定；

(4) 能准确、独立完成列车出库、出段作业；

(5) 能以一名地铁乘务人员的标准要求自己；

(6) 谨记"安全第一"，培养严格按照标准化作业操作的习惯。

2）工具与器材

模拟舱、司机包、手账、驾驶台激活钥匙、三角钥匙、四角钥匙、手持电台、手电、轮值表、列车运行状态记录单。

3）实训步骤

(1) 司机按规定内容巡视、检查、试验列车，车辆技术状态应符合电动列车上线技术标准；

(2) 列车出库前应确认车库大门开启到位并安全妥当，人员处于安全位置；

(3) 提前规定出库时间10min，乘务员确认平交道无人无异物，鸣笛一长声，以3km/h的速度通过库门，将车头探出库门外，联系信号楼值班员，待发；

(4) 司机确认出库信号开放后，对信号机进行呼唤确认，与信号楼联系执行互通制度，断开各负载开关（SIV、空压机除外），确认平交道无人无异物，鸣笛一长声，驾驶列车出库；

(5) 由停车列检库各股道出库运行的列车，司机应凭出库调车信号机显示的白色灯光人工驾驶列车出库运行；对于具备自动驾驶信号系统的车辆段（场），一般设置黄-白-红三显示出库信号机，可以凭借黄灯（列车进路）或白灯（调车进路）信号自动驾驶或人工驾驶列车出库（部分车辆段、停车场调车信号机为白-蓝两显示信号机，蓝灯等同于红灯）；

(6) 车场运行应加强瞭望，不得以超过25km/h的速度运行。注意信号显示和道岔状态，确认无人员或异物侵入限界，发现异常应果断采取措施；

(7) 列车在段（场）运行或作业时，必须断开母线控制开关（避免列车联通段场内未送电区域接触轨），只闭合SIV开关和空气压缩机开关；

(8) 列车运行至转换轨绿-红两显示出段（场）信号机前停车，闭合各负载开关（如母线开关、电制动开关、客室辐流风机开关、客室照明开关、通风空调开关、座椅电加热开关等）；

(9) 将列车驾驶模式升级为正线运行所规定的高级模式；确认车载电台通信区域由车辆段（场）区域变更为行车调度区域；

(10) 观察出段（场）信号机显示及发车计时器（TDT）时间提示，信号机开放绿灯后，对信号机信号及车载授权速度码进行呼唤确认，乘务员起动列车进入正线运营（站间自动闭塞法行车时该信号机为闪动绿灯）。

4）考核与评价标准

本任务考核与评价标准见表3-3。

出车辆段作业任务考核与评价标准　　　　　　表3-3

任务三:出车辆段作业			
任务说明	教师按考核内容对学生逐一进行考核		
班级		姓名	
学习小组		考核时间	
序号	考核内容	分值	得分
1	乘务员提前10min在司机室待命	5	
2	确认库门开启到位,确认无人员妨碍行车,鸣笛一长声,进行探头作业(限速3km/h以下)	15	
3	与信号楼值班员联系,申请出库	10	
4	确认SIV、空气压缩机开关闭合,母线开关、电制动、空调开关断开	15	
5	本股道出库信号机点亮白灯后,手指呼唤确认,确认无人、无异物,鸣笛一长声出库(限速25km/h)	15	
6	运行中遇调车信号机,须执行手指呼唤确认制度	10	
7	列车运行至转换轨(出段信号机)处停车,闭合各负载开关(如母线开关、电制动开关、通风空调开关等)	10	
8	将驾驶模式升级为正线运行所规定的高级模式;确认车载电台通信区域由车辆段(场)区域变更为行车调度区域	10	
9	出段信号机绿灯,观察车载速度授权,手指呼唤确认,起动列车进入正线	10	
指导教师意见:			
任务完成人签字:		日期:　年　月　日	
指导教师签字:		日期:　年　月　日	

复习思考题

1. 列车库内检查试验的巡视流程是什么?
2. 列车送电前的巡视检查要点有哪些?
3. 在列车检查试验过程中发现故障,乘务员应如何处理?
4. 哪些列车故障不允许上线运营?
5. 列车送电后的性能试验包括哪些?
6. 车辆段运行有哪些注意事项?

单元 4　正线运行及驾驶作业

> **教学目标**
> 1. 掌握列车的驾驶模式；
> 2. 掌握列车司机出勤、退勤及交接班作业流程和作业标准；
> 3. 掌握列车整备作业流程及检查的内容和要求；
> 4. 掌握列车出入车场及正线作业标准；
> 5. 掌握确认呼唤(应答)制度和乘务服务标准。
>
> **建议学时**
> 14 学时

4.1　列车自动控制系统

4.1.1　列车自动控制系统的作用

列车自动控制系统简称为 ATC(Automatic Train Control)系统。城市轨道交通的运营线路封闭，它的主要作业是运送旅客，运营线路不长，站与站之间的距离较短，列车以中低速行驶，这些特点为线路上的列车进行安全高效的运行提供了有利条件。因此在城市轨道交通系统中，ATC 系统的作用是保障列车行车安全和提高运行效率。

1) 保障行车安全

列车行车安全是由列车自动控制系统中的列车自动防护系统，即 ATP 系统来完成。ATP 系统与列车的牵引制动系统共同控制列车运行速度，防止列车超速行驶。设备在故障情况下遵循故障导向安全原则，确保运行安全。

2) 提高运行效率

列车自动控制系统能实现列车自动驾驶。列车根据运行计划自动完成运行作业，可以有效减少列车司机、调度人员和车站人员的工作强度，确保列车正点运行，有效提高运行作业效率。

4.1.2 ATC系统的构成

ATC系统主要包括三个子系统：

（1）列车自动防护（Automatic Train Protection，简称ATP）系统，主要作用是防止列车追尾、冲突事故的发生，并控制列车的运行速度不超过允许的最高速度。

（2）列车自动运行（Automatic Train Operation，简称ATO）系统，主要作用是实现列车自动驾驶，并使列车在设定的车站自动停车。

（3）列车自动监控（Automatic Train Supervision，简称ATS）系统，主要作用是对线路上运行的所有列车进行监督和管理，控制列车根据列车运行图完成运营作业。

ATC系统结构如图4-1所示。

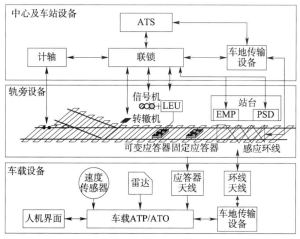

图4-1 ATC系统结构

LEU-轨旁电子单元；EMP-紧急制动按钮；PSD-站台屏蔽门系统

三个子系统的功能既能相对独立，又紧密相连，通过信息交换网络构成闭环系统，实现地面控制与车上控制结合、现地控制与中央控制结合，构成一个以安全设备为基础，集行车指挥、运行调整以及列车驾驶自动化等功能为一体的列车自动控制系统。

4.1.3 ATC系统的功能

1）ATP系统

目前，世界各国研发了不同型号的ATP系统并得到了广泛的应用。ATP系统必须符合故障-安全原则，它的主要功能包括列车测速定位、速度监督与超速防护、停车点防护、列车追踪间隔控制、列车车门防护、站台屏蔽门防护、停稳监督、后溜防护以及一些其他功能，用来确保旅客的上下车安全。

（1）列车测速定位。

列车当前运行的实际运行速度是列车实施超速防护功能及对列车运行速度进行干预和控制的依据，因此速度测量的准确性与否将会对速度控制的效果造成直接影响。通过检测列车运行的实际位置才能确保列车之间的安全运行间隔，在能够保障列车在运行前方的危险点或限速区之前停车或减速的基础之上，又能够尽可能地提高线路行车效率。因此，列车测速定位的准确性会直接关系列车的运行安全及行车效率。常用速度传感器法、多普勒雷达法、加速度传感器法等方法来进行列车测速;而常用的列车定位方法有计轴器法、应答器法、测速定位法、GPS(全球定位系统)法、无线扩频法及航迹推算法等。

(2)速度监督与超速防护。

ATP系统实时监督列车的实际运行速度,并将其与允许的最大运行速度进行比较,一旦发现列车的行驶速度已经超过了ATP允许速度,车载ATP系统立即发出警告并进行常用制动,保证列车能够在限速点之前将运行速度降到允许值以内,并记录相关信息。假如列车已经实施了常用制动,但是在规定时间范围内列车的实际运行速度仍超过允许速度,则ATP立即对列车启动紧急制动,将列车停靠在安全位置。

(3)停车点防护。

停车点同样也是危险点,在任何情况下列车都不能越过该点。通常情况下,为保证列车安全运行,在停车点的前方还需要设置一段防护距离。ATP系统根据线路数据信息及列车运行情况实时计算列车的制动曲线,监督列车的运行速度,保证列车能够在停车点前安全停车。

(4)列车追踪间隔控制。

城市轨道交通行车密度较高,列车间隔控制不仅能保证行车安全(防止列车追尾),而且能提高运行效率(列车间隔最短)。ATP系统通过实时计算列车的移动授权及制动曲线确保区域内所有运行列车之间的安全间隔。在计算过程中,还需要考虑前行列车的速度和位置信息。

(5)列车车门防护。

无论列车处于运行状态或停车状态,ATP系统都会时刻监控列车的车门状态。ATP系统检查打开车门所需要的安全条件,只有在所有条件都符合要求时才会发出打开车门命令,以保证乘客的上下车安全。

ATP车门防护功能主要包括:防止列车在运行过程中突然打开车门;列车停稳后,防止司机或ATO发生错误情况而打开车门;站台停车时,防止列车在没有停靠到规定范围的情况下错开车门;防止列车在车门仍旧开启的状态下突然起动运行。

(6)站台屏蔽门控制。

ATP轨旁设备连续的监测站台屏蔽门的状态,只有在屏蔽门关闭且锁闭的情况下列车才被允许进入站台区域范围之内。如果屏蔽门的状态不再为关闭且锁闭,则立即封锁站台并在封锁区域的边界处设置防护点,因而此时接近站台的列车会从ATP轨旁设备得到仅至该防护点的移动授权,但如果列车已运行进入该站台区域,那么列车车载ATP设备需要立即触发紧急制动。

(7)停稳监督。

列车停稳是列车打开车门以及站台屏蔽门的安全前提。ATP车载设备需要利用测速传感器的检测信息监控列车是否停稳。

(8)后溜防护。

ATP车载子系统时刻监督列车在与列车运行方向相反的任何移动,一旦列车在此方向上的移动距离及移动次数超过了规定的数值,ATP车载子系统将立即启动紧急制动进行制动,保证列车停止后溜。ATP车载子系统交互示意图如图4-2所示。

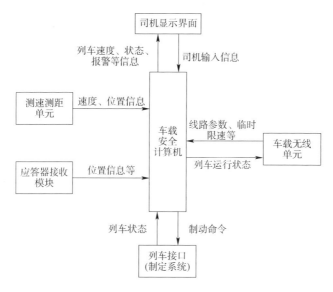

图 4-2 ATP 车载子系统交互示意图

(9)其他功能。

除上述功能外,ATP 系统还可以提供紧急停车、车载信号设备的显示及报警、支持不同驾驶模式下列车控制、与 ATO 系统及 ATS 系统进行信息交换和处理、ATP 子系统车上设备日检、事件记录和统计等功能。

2) ATO 子系统

ATO 系统的主要功能是代替列车司机,自动控制列车安全驾驶在已有的线路上。系统主要利用车载信息和行车过程中接收到的车辆限速、线路坡度、线路弯度等信息,向列车发送牵引、制动命令来完成列车的自动调速,包括牵引、巡航、惰性、制动、停车以及车门开关的控制功能。ATO 系统根据线路情况以及行车命令等生成目标运行曲线,根据 ATS 系统的运营调度指令选择最佳运营调度模式,保证列车按目标速度曲线运行,实现列车自动调整速度和节能控制的目标。ATO 系统控制原理如图 4-3 所示。

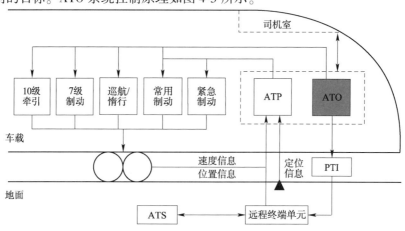

图 4-3 ATO 系统控制原理图
PTI-车地通信系统

ATO 系统的具体功能包括：

(1) 自动完成对列车的起动、牵引、巡航、惰行和制动的控制，以较高的速度进行追踪运行和折返作业，确保达到设计间隔及运行速度。

(2) 在 ATS 监控范围的入口及各站停车区域(含折返线、停车线)进行车-地通信，将列车有关信息传送至 ATS 系统，以便 ATS 系统对在线列车进行监控。

(3) 控制列车按照运行图进行运行，达到节能及自动调整列车运行的目的。

(4) ATO 自动驾驶时实现车站站台定点停车控制、舒适度控制及节能控制。

(5) 能根据停车站台的位置及停车精度，自动地对车门进行控制。

(6) 与 ATS 和 ATP 结合，实现列车自动驾驶、有人驾驶或无人驾驶。

根据类别不同，可将 ATO 系统的功能分为基本控制功能和服务功能，见表4-1。

ATO 系统的功能　　　　　　　　　　　　表4-1

类　别	功能名称	功　能　介　绍
基本控制功能	自动驾驶	包括自动控制列车运行速度、停车点精确停车、从车站自动发车、区间内临时停车及应急决策等
	自动折返	属于特殊情况下的驾驶情况，该模式下无须司机控制，而且列车上的全部控制台将被锁闭
	车门打开	当列车处于准备起动或已经停车状态时，通过 ATP 监控的设备监测开关门的条件，满足条件则自动进行开关车门操作
服务功能	列车位置	通过从 ATP 接收到当前列车的位置和速度等行车信息，并结合上一次计算后所运行的距离来校正列车的实际位置。该过程也考虑了 ATP 计算列车位置时传送和接收的延迟时间，以及列车打滑和滑行情况
	允许速度	ATO 系统提供列车在行车区间任意点的对应速度值。该值区别于目标速度值，只是低于当前点速度限制和制动曲线的限速值。在地铁中，允许速度主要是为了优化能源
	惰行/巡航	指按照时刻表实现列车区间运行的自动惰行控制，从而节省能源消耗
	PTI 支持功能	类似中转站的作用，首先从多种设备采集到的信息，在列车经过特定位置时将数据发送至 ATS，主要包括列车识别信息、目的编号和乘务组号，以及列车位置信息等，保证列车优化运行

3) ATS 系统

ATS 系统由控制中心、车站、车厂以及车载设备组成，通过 ATP 系统和 ATO 系统，实现对列车运行的自动监控。ATS 系统的基本功能是监视和控制正线列车运行，通过接口完成与外部系统的实时信息交互。ATS 系统通过数据通信系统(Data Communication System，简称DCS)获取来自每辆列车的位置、速度等级、站停、运行模式等报告，通过基于无线通信的列车运行控制(Communication Based Train Control，简称 CBTC)系统或轨道电路感应环线，获取现场设备状态，精确定位列车，控制列车的运行等级。ATS 系统提供的人工控制操作包括：设置或解除扣车、设置或解除限速、使用从轨旁控制器 ZC(Zone Control)获取的数据来设置或解除临时区域封锁(既移动授权的传递)。ATS系统的主要功能如下：

(1)列车监视与追踪。

在ATS系统下，列车监视和追踪可以直观地在ATS监控中心的显示屏上显示。显示屏下联上位机监控服务器，该服务器通过计算机技术装载全线线路和站场图，可以模拟列车的运行，该服务器通过数据服务器接口、现场数据传输技术，实时更新数据库数据，进而控制列车运行和现场状态在显示屏上动态显示。车次号追踪系统依靠大屏显示中轨道、信号机颜色变化以及道岔位置、车次号识别，定位列车位置。得到列车车次号和列车位置后，追踪系统将此信息传输到MMI大屏显示和乘客信息窗口。

车次号追踪识别系统在列车压入车辆段的转换轨时赋予计划时刻表中相应的列车车次号，同时ATS分机开始追踪识别车次号。列车运行期间，车次号追踪识别系统以计划时刻表为依据，不断校核车次号，甚至进行车次号更新、重新赋予、删除、插入等操作。当列车再次压入转换轨时，ATS车次号识别追踪系统删除车次号并将记录的运行数据存储到监控中心数据服务器。

(2)时刻表和运行图管理。

ATS系统对时刻表和运行图的管理，包括计划时刻表编辑制定、执行中时刻表修改、时刻表存储、计划运行图生成、实际运行图描绘、运行图打印和存档。

计划时刻表的定制，实际上正是列车运行管理系统运营计划的数学描述，集合了策略、经验、向导功能的计划时刻表，是城市轨道交通列车合理运行的基础。根据运行中出现的突发情况造成计划时刻表执行障碍，操作人员具有修改列车运行计划的优先权，这就是列车运行调整的人工干预优先。人工或自动修改的运行计划，将更新原有计划时刻表，并下达给ATS分机执行。在运行过程中，列车实际行走时间曲线构成的实际运行图，真实反映各列车在各站、区间行走耗时。系统将实际行走曲线与计划行走曲线对比，一旦得出误差，则监控系统认定计划运行图执行发生错误，系统在采取自动调整措施的同时，向监控中心发出报警信号。运营中发生突发严重干扰列车行走情况时，操作员对大面积列车进行计划调整，此时若已存储的不同情况下的运行计划不能满足调整需求，则须人工重新制订运行计划。

ATS时刻表系统具有离线时刻表编辑和在线时刻表执行两个基本功能。其中，离线时刻表编辑在时刻表编辑工作站完成，管理人员根据以往经验、行车任务、特殊时段要求等，编辑生成的时刻表称为"计划时刻表"。计划时刻表生成后，控制中心(OCC)两套服务器同时存档，操作员通过控制数据流向车站ATS服务器传输该时刻表。在列车运行过程中，系统根据计划时刻表赋予列车不同的车次号，当车次号丢失后，追踪系统向中心请求校核，时刻表系统将为当前车次赋予当天当前时刻最适合车次号，这种时刻表随时参与列车运行的过程，称为时刻表的执行。

运行图可以分为以计划时刻表为基础的计划运行图、列车运行过程中生成的实际运行图、计划与实际运行图在运行图显示界面以同一张图显示的复合运行图三类。各类运行图共同基本信息为：各列车在各个区间行走时间、列车到站时刻和发车时刻信息、跳停情况、列车追踪间隔时间(追踪距离间隔可以换算成时间间隔)、列车运行等级、列车折返情况、时间延续曲线。按区间正线数分类的单线运行图如图4-4所示。

单元4　正线运行及驾驶作业

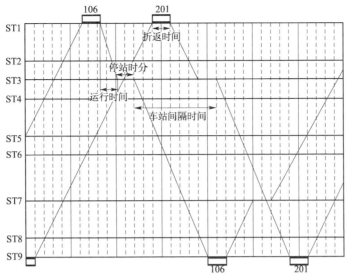

图4-4　单线运行图

（3）自动排列进路。

ATS系统自动进路系统功能的实现,需要多个系统协作运行。控制中心通过车站ATS分机获得整个线路的现场信息,包括轨道、道岔、信号机、计轴设备、通信系统等。如无特殊情况,在自动运行条件下,车站ATS系统为全线列车自动办理进/出站、进/出段进路。在此过程中,现场设备状态信息和计划时刻表信息,共同决定列车进路办理时机;信号系统、车次号追踪定位系统和联锁系统,共同完成进路执行。

人工办理进路仍然享有最优先权,但只有列车运行计划发生重大调整(含计划列车的删除、非计划列车的插入)或系统发生重大故障时,人工办理进路介入。

ATS系统的自动排列进路功能,是在列车性质和进路防护进性质同在"自动"的模式下执行的自动化功能,是智能现代化城市轨道交通监控系统的核心功能之一。

（4）列车运行自动调整。

在列车运行过程中,监控人员可利用ATS系统在运行图显示界面看到实际运行图和计划运行图的动态比较。此时,ATS系统下的列车运行自动调整系统,也在计划与实际运行图的对比中,不断更新列车晚点信息。若晚点列车数量和晚点时间,均在调整系统可控范围内,ATS系统的列车运行调整系统会自发地改变晚点列车停站时间(包括跳停和扣车)和通过ATO系统提高区间运行等级来压缩晚点时间,达到调整的目的。若晚点情况达到报警标准,列车运行调整将引入人工干预。

4.2　列车运行组织与调整

4.2.1　正常情况下的客运列车行车组织

1）行车指挥自动化时的列车运行组织

行车指挥自动化是利用电子计算机控制调度集中设备,指挥列车运行的一种自动远程遥控设备。在行车指挥自动化时,自动闭塞为基本闭塞法。

在行车指挥自动化情况下,由电子计算机通过调度集中设备实现当日使用列车运行图、列车进路自动排列和列车运行自动调整,指挥列车运行。控制中心 ATS 通常储存数个基本列车运行图,经过加开或停运列车等修改后的基本列车运行图称为计划列车运行图。使用列车运行图是当日列车运行的计划,由基本列车运行图或计划列车运行图生成。行车调度员通过显示盘与工作站显示器,准确掌握线路上列车运行和分布情况、区间和站内线路的占用情况以及发车表示器的显示状态和道岔开通位置等。行车调度员也可应用人工功能,通过工作站终端键盘输入各种控制命令,控制管辖线路上的发车表示器、道岔及排列列车进路,进行列车运行调整。

在行车指挥自动化情况下,列车占用区间的行车凭证为列车收到的速度码,凭发车表示器显示的稳定白色灯光发车,如发车表示器故障无显示,凭行车调度员的命令发车。追踪运行列车间的安全间隔由 ATP 系统自动实现。

2)调度集中时的列车运行组织

调度集中是指挥列车运行的一种远程遥控设备。在调度集中时,自动闭塞为基本闭塞法。调度集中系统由调度集中总机、进路控制终端、显示盘与显示器、描绘仪、打印机和电气集中联锁设备等构成。

调度集中的主要功能有:

(1)控制管辖范围内各车站的信号机、道岔以及排列列车进路。

(2)显示各车站信号机开闭、进路占用和列车车次、列车运行状态等。

(3)自动绘制实际列车运行图。

在调度集中情况下,由行车调度员人工排列列车进路,指挥列车运行以及进行列车运行调整。行车调度员通过进路控制终端键盘输入各种控制命令,控制管辖线路上的信号机、道岔以及排列列车进路;通过显示盘与显示器,准确掌握线路上列车运行和分布情况、区间和站内线路的占用情况以及信号机的显示状态和加道岔开通位置等。

在调度集中情况下,列车进入区间的行车凭证为出站信号机的绿灯显示。如出站信号机故障,凭行车调度员的命令发车。追踪运行列车间的安全间隔由自动闭塞设备实现。

3)调度监督时的列车运行组织

调度监督是一种行车调度员能监督现场设备和列车运行状态,但不能直接进行控制的远程监控设备。城市轨道交通系统采用调度监督组织指挥列车运行,通常是新线在信号系统尚未安装情况下投入运营时采用的过渡期调度指挥方式。为了实现调度监督,除控制中心的显示盘等设备外,需在车站安装出站信号机等临时联锁设备。在调度监督时,双区间闭塞为基本闭塞法。双区间闭塞法即以两个站间区间为一个闭塞分区,如上海地铁采用的行车闭塞法有自动闭塞、半自动闭塞、双区间闭塞法。

调度监督的主要功能有:

(1)显示各车站出站信号机开闭、区间闭塞、列车运行状态,以及到站列车车次等。

(2)储存和打印列车运行时刻和出站信号机开放时刻等运行资料。

在调度监督情况下,由车站行车值班员排列列车进路、开闭出站信号,行车调度员通过显示盘,监督线路上各车站信号机开闭显示、区间闭塞情况和列车运行状态,组织指挥列车运行。

采用双区间闭塞法行车时,列车占用区间的凭证为出站信号机的绿灯显示,凭助理行车值班员手信号发车。追踪运行列车间的安全间隔按双区间要求,由双区间闭塞设备实现。

在按双区间闭塞法行车时,列车正线运行限速60km/h。列车接近车站时,司机应加强对接近车站的瞭望,控制进站速度,遇有险情立即制动停车。列车进入通过式车站的限速为40km/h,列车进入尽头式车站的限速为30km/h。

在列车晚点或列车运行秩序紊乱时,行车调度员应及时进行列车运行调整,尽快恢复按图行车,列车运行调整方法可参见调度集中时的列车运行组织,此处不再赘述。应该强调,在调度监督时,载客列车一般不安排跳站停车,如因特殊情况需要跳站停车,应经公司主管领导同意,由行车调度员发布调度命令执行。在调度监督过程中,如发现车站行车值班员或列车司机有违章作业情况,行车调度员应及时下令纠正,确保行车安全。

4.2.2 城市轨道交通列车运行调整的特点

列车运行调整就是当列车运行秩序出现混乱时,使其恢复到有序状态的过程。列车运行调整的目的是使运行的列车尽量按计划图的时刻运行,无论是传统的干线铁路或是城市轨道交通,都是尽快使列车恢复按计划图的时刻运行,使列车的运行状态从无序到有序。

在干线铁路运输中,列车的运行计划会留有一定的运行余量,这样可以在不影响正常运营秩序的情况下逐步消除运行扰动时所产生的小规模列车晚点,但对城市轨道交通目前大多使用系统的而言,特别是在人口流动性大的城市,阶段性高峰明显且变化大,短时间内会出现客流猛增,运输压力较大,若站停时间变长,计划运行图的冗余时间也就会相应地缩短,这种情况下,一个小小的扰动就可能造成较严重的列车晚点传播,出现大范围的列车运行紊乱。所以,实时的列车运行自动调整就显得尤其重要。

1)干线铁路调整的特点

干线铁路在进行列车运行调整时的特点如下。

(1)众多约束条件:调整中要受到列车与车站、列车与列车等多方面制约。

(2)众多优化指标:在传统的运行调整研究中,经常用到如总到达时间晚点最小、总晚点列车数目最少等优化指标。运行调整是动态性、实时性、复杂性的过程,因为在通常情况下,列车运行调整针对的是一个列车群,而不是一列或两列列车,因此,必须考虑线网内的全部运行列车,故具有一定的复杂性。

2)城市轨道交通列车运行调整的特点

城市轨道交通列车运行调整相对于干线铁路调整有其新的特点,如列车数量相对较少、全旅客运输、种类单一、线路结构简单、运行距离短等。由于运行距离有限,其列车数量相对较少,上下班及节假日等高峰时段明显,对旅游城市而言,客流也会随着季节和气候的变化出现明显的波动。目前,城市轨道交通大多采取了CBTC系统,这样就大大增加了行车密度,追踪间隔短就成为城市轨道交通的一个最显著特点。城市轨道交通作为普通的公共交通,更加关注旅客舒适度,更加人性化,使得它的调整策略更加灵活多样。

由于CBTC可控区域包括除联络线以外的所有地铁线路,列车按基本时刻表投入运行,故所有列车的位置及其运行状况都受到监控,从而可确定列车是否按时刻表运行。若出现偏差,须确定偏差是否在可控范围内。

ATS 系统能够按要求选择出正确对策并与其他子系统共同协作实施列车运行调整。ATS 列车运行调整是通过调整列车区间走行时间和站停时间,确保自动运行的列车遵循时刻表或保持运行间隔。

3)列车运行调整方法概述

在始发站列车正点始发的情况下,由于途中运缓、作业延误或设备故障等原因,难免出现列车运行晚点的情况。此时,行车调度员应根据列车运行的实际情况,按恢复正点和行车安全兼顾的原则,根据规定的列车等级进行运行调整,尽可能在最短时间内使晚点列车恢复正点运行。

列车的等级依次为:专运列车、客运列车、调试列车、空驶列车和其他列车。在抢险救灾情况下,优先放行救援列车。对同一等级的客运列车,可根据列车的接续车次和载客人数等情况进行运行调整。列车运行调整的主要方法有:

(1)始发站提前或推迟发出列车。

(2)根据车辆的技术状况、司机驾驶水平和线路允许速度,组织列车加速运行、恢复正点。

(3)组织车站快速作业,压缩列车停站时间。

(4)组织列车跳站停车。

(5)变更列车运行交路,组织列车在具备条件的中间站折返。

(6)组织列车反方向运行。在双线线路上,如一个方向列车密度较大,而另一个方向列车密度较小,为了恢复正点运行,可利用有道岔车站的渡线,将列车转到列车密度较小的线路上反方向运行。

(7)扣车。

(8)调整列车运行时间间隔:当换乘站由于客流骤增造成作业困难时,行车调度员可根据列车的运行情况,适当调整列车运行时间间隔,尽量避免各线列车同时到达换乘站。

(9)在环形线情况下,当一条线路运行秩序紊乱时,要尽力维持另一条线路列车的正常运行,并通知各站组织乘客乘坐畅通线路方向的列车。

(10)停运列车。

行车调度员对列车运行调整方法的选择,取决于列车运行的具体情况。而在实际工作中,往往又可以将几种列车运行调整方法结合运用。

4.3　正线运行标准化操作

4.3.1　列车驾驶模式

以单司机为例,进行正线运行操作时,列车牵引操纵控制系统有两种驾驶模式,一是自动驾驶模式,二是手动驾驶模式。根据行车及有关作业需要,每种模式还包括几种子模式。其中,自动驾驶模式包括无人驾驶模式(AM 模式)、自动驾驶模式(ATO 模式)、自动折返模式(AR 模式);常用手动驾驶模式包括 ATP(列车超速防护系统)监督下的人工驾驶模式(SM 模式)、受限制的人工驾驶模式(RM 模式)、非限制的人工驾驶模式(NRM 模式)、洗车模式、后退模式。ATO模式、AR模式、ATPM模式(也称SM模式)、IATP模式、RM模式和NRM模式是正线运行中常见的六种驾驶模式。

1) ATO模式

ATO模式是优先级最高的驾驶模式,通过ATC信号系统实现。列车在该模式下由ATS及ATO控制,并受到ATP系统的监督和限制。

列车在发车前,列车进路已设置完毕、车门及屏蔽门已关闭、列车接收到推荐速度的条件下,司机可操作列车进入自动驾驶(ATO)模式。车载ATO系统根据从车载CC(控制器)计算的运行速度曲线,自动控制列车加速、巡航、惰性、制动,控制列车在安全停车点前和规定的站台停车位置停车,并自动控制车门的开启,但车门的关闭是由司机根据发车时间及乘客上下车情况按压关门按钮人工完成。司机负责对车载ATP/ATO设备的状态显示进行监督,并注意列车运行所经过的线路状态(如道岔、信号机),必要时可人工进行干预,以保证行车安全。

ATO/AM模式主要用于列车在正线的正常运行(包括折返线和试车线)。

2) AR模式

AR模式是在CBTC功能下实现的列车无人自动折返驾驶模式。列车在该模式下,终点折返站的折返作业过程,由车载信号负责安全和自动运行。

列车在折返前,折返进路已设置完毕、车门及屏蔽门已关闭,司机在司机室内设置列车为AR驾驶模式后,按下安装在站台的ATB(无人自动折返按钮),列车将进行无人自动折返驾驶。列车在自动完成折返后,车门打开且保持,直至司机关闭后,即可投入载客运行。

AR/ATB模式主要是在设有自动折返功能的站后折返站采用。

3) ATPM模式

ATPM模式是次优先级的驾驶模式,是ATP监督下的人工驾驶模式。列车在该模式下,由司机人工驾驶,列车的最高速度受到ATP系统的限制。该模式适用于点式ATP信号系统,此时无ATO系统,但车载和轨旁ATP设备状态正常。

列车在发车前,列车进路已设置完毕、车门已关闭、列车接收到推荐速度的条件下,司机可操作列车进入ATP监控下的人工驾驶模式。ATP/ATO车载设备在司机室的显示器上给出列车的实际速度、限制速度、目标速度以及目标距离等参数。当列车接近ATP限制速度时,系统对司机发出报警信号,如列车的运行速度超过了限制速度,在ATP系统的超速防护下,列车立即实施紧急制动。

ATPM模式通常用于:①ATO故障时的降级运行;②运行时轨道上发现有障碍物(如人);③列车在下雨时在地面站行驶。

4) IATP模式

IATP模式又称点式AIP模式,作为最常用的后备模式,在CBTC系统无法启用的条件下使用,此时车载通信系统不能实现连续数据传输,依靠固定点式设备进行车地间的点式通信。

(1)司机将模式开关1转换至"IATP"位置,司机得到行车调度员可以动车的指令后,按下驾驶台上的IATP释放按钮。在此模式下,列车的速度、监控、运行及制动由司机人工控制。

(2)开关车门由司机人工控制,但开车门仅在车载信号设备给出门允许信号时才允许操作。

(3)司机应根据操作规程注意控制进站对位时间及出站速度,防止出现紧急制动。

(4)所有必要的驾驶信息将在司机室列车操作员显示屏(TOD屏)上显示。

5)RM 模式

RM 模式(受限制的人工驾驶模式)是较低级的驾驶模式。列车在这种模式下,列车司机进行人工驾驶,按照地面信号机的显示或行调命令驾驶列车,列车以不超过 25km/h 的限制速度运行。如列车运行速度超过车载 ATP 的限制速度则产生紧急制动。

RM 模式通常用于:①车辆段运行;②联锁、轨道电路、ATP 轨旁设备故障;③列车紧急制动以后。

6)NRM 模式

NRM 模式(不受限制的人工驾驶模式)是故障级驾驶模式,在该模式下,列车车载信号系统的相关信息均被旁路,列车的运行完全由司机负责,司机按地面信号机的显示信号或行调命令运行。列车前进最高速度可达 80km/h,后退最高速度可达 10km/h。

NRM 模式通常用于:①车载 ATP 设备故障,不能使用时;②车辆部分设备检修和调试时。

在城市轨道交通线路上,司机可根据线路、设备状态及运营要求,以任何一种驾驶模式驾驶列车运行。不同驾驶模式的基本特性和运用场景见表4-2。

不同驾驶模式的基本特性和运用场景 表 4-2

模式	定义	基本特性	运用场景
ATO	列车自动驾驶模式	自动控制两站间的列车运行。司机负责监督 ATP 及 ATO 的显示,列车运行状态,通过的轨道、道岔和信号的状态。必要时加以人工干预	地铁正线的正常运行方式
ATPM	受 ATP 监控的人工驾驶模式	列车由司机驾驶,列车的运行速度受 ATP 监控;如果列车的极限速度超过了 ATP 允许速度,则列车产生紧急制动而停车。司机负责驾驶列车,监督 ATP 的显示	ATO 故障时(但车载和轨旁的 ATP 设备良好)降级运行
RM	受限制的人工驾驶模式	列车由司机驾驶。列车的运行速度不能大于 25km/h。如果超过该速度,则列车产生紧急制动而停车。司机负责列车运行安全	列车在车辆段范围内运行(试车线例外)或联锁、轨道电路、ATP 轨旁设备、ATP 列车天线发生故障及列车紧急制动后运行
NRM	非限制的人工驾驶模式	用 ATP 钥匙开关后才起作用,使用时必须经过批准和登记。列车由司机控制,没有限制速度监督	车载 ATP 设备故障或联锁故障后采用降级的行车组织办法时
AR	自动折返模式	自动控制列车折返。司机可以不在列车上及不加干预进行列车折返作业。司机负责检查自动折返前乘客已经下车、车门已经关闭;操作位于站台端墙处的自助折返按钮	在设有自动折返功能的折返站使用

4.3.2 正线运行操作程序

列车正线运行是司机完成运营任务的过程,是司机工作内容的主体部分。正线驾驶时,司机应严格执行、遵守列车操作的各项规章制度,保证安全、平稳、正点运送乘客。列车站台作业是司机驾驶列车到站停稳后所进行的操作,包括开关车门、监控乘客上下车、监控设备状态等工作内容。司机站台作业关系列车在站台的运行安全及乘客在站台上下车安全,在列车运行过程中占有重要地位。

1) 列车自动驾驶模式下的正线操作

(1) 当列车以自动驾驶模式运行时,司机应保持坐姿端正,左手放置于操纵台面上,右手放置于靠近主控手柄右侧,双眼目视前方并不间断瞭望,确保行车安全。

(2) 启动 ATO 模式时,主控器手柄在"0"位,方向手柄在"向前"位,司机同时按下司机室台上的两个"ATO 启动"按钮,"ATO 启动"按钮亮起。"ATO 启动"按钮必须按下至少 1s,这是为了避免无意识的起动列车。起动成功后,司机室的显示器上就会出现 ATO 指示。当主控器手柄离开"0"位时,列车将退出 ATO 模式。

(3) 遇区间信号机及道岔时,左手手指并口呼确认信号机显示及道岔位置正确(区间遇信号机和道岔时应按照由近及远的原则,先确认信号显示,后确认道岔位置正确)。

(4) 运行中司机要正确开放广播、乘客信息显示系统,通过 CCTV(闭路电视)系统观察车厢内情况,必要时用人工广播对乘客做好宣传解释工作;监督车载 ATP/ATO 设备的状态显示,并注意列车运行所经过的线路状况(如道岔、信号机),发现区间内有人员及影响行车的障碍物及其他异常情况时,应立即停车并报告;会车时,要实施前照灯减光,严禁关闭前照灯。

(5) 列车进站时要注意瞭望站台情况,危及人身安全时,要果断采取紧急停车措施。到站停车开门后,应将司机控制器手柄置于"制动"位,每站发车时司机根据地面信号机显示的绿色或黄色灯光,同时按下起动"ATO 启动"按钮,给出发车指令。

进入 ATO 模式后,如果系统设备正常,没有人工干预,此驾驶模式维持不变。

2) 列车人工驾驶模式的正线操作

当线路不具备 ATO 条件时,列车被迫改用人工驾驶模式,常用的人工驾驶模式有 SM 模式、RM 模式、NRM 模式,其中 RM 模式、NRM 模式属于非正常运营模式。

(1) 当列车以 ATPM 模式运行时,乘务员应用右手紧握司机控制器手柄(图 4-5)操纵列车运行,左手放于驾驶台面上,双眼平视前方,认真观察前方线路情况,密切注意列车运行状况,不间断瞭望前方进路,确保行车安全。

(2) 在 SM 模式下起动列车时,应逐级推动司机控制器手柄,待列车运行平稳、接近目标速度后再根据线路情况适当调速,使列车以接近目标速度的速度运行,保证正点、安全。乘务员操作司机控制器进行牵引起动。

当司机控制器手柄位于"C"位与"P"位之间时,列车即处于牵引状态。严禁将司机控制器由制动级位直接推向牵引级

图 4-5 司机控制器手柄

位:司机控制器手柄由制动级位回置"C"位后稍做停顿,在逐渐推至牵引级位;必须逐渐加大牵引力,严禁直接放至牵引最高级位。

在人工驾驶模式下使用司机控制器时,应始终将司机控制器按压下去(使警惕开关不能弹起),否则列车会报警或自动紧急制动。

(3)遇区间信号机及道岔时,用左手手指口呼唤确认信号机显示及道岔位置正确(区间遇信号机和道岔时应按照由近及远的原则,先确认信号显示,后确认道岔位置正确)。

在驾驶列车时,司机应严格执行手指呼唤确认。乘务员在手指呼唤确认时,要做到手臂平直伸展,食指伸出,准确指出所呼设备,同时呼唤设备状态,内容完整、时机准确、动作标准、声音清晰,达到手比(指出确认物)、眼看(观察确认物状态)和嘴呼唤(呼出确认物状态)三点同步完成。

不同呼唤类型的呼唤时机及呼唤内容见表4-3。

不同呼唤类型的呼唤时机及呼唤内容　　　　表4-3

呼唤类型		呼唤时机	呼唤内容
信号呼唤	列车进站	车头越过站台尾端时	列车进站,对标停车
	对标停车	列车收到使能信号	开左门(或开右门)
	出站信号机	发车条件具备,起动列车前	出站绿灯
	区间信号机(绿灯)	接近信号机100m内	信号绿灯
	区间信号机(列车运行中红灯)	距信号机200m外	信号红灯,停车
	区间信号机(列车运行中黄灯)	距信号机100m外	信号黄灯,注意减速
	出库信号机	一度停车,再次起动前	出库白灯
道岔呼唤	段场道岔	接近道岔30m内并看清道岔开通方向	道岔定位(或道岔反位)
	正线道岔	接近道岔30m内并看清道岔开通方向	道岔定位(或道岔反位)

(4)实施常用制动时,应考虑列车速度、线路情况、列车载质量等条件,准确掌握制动时机和减速度大小,保持列车均匀减速,严禁突然使用较大的制动力。列车进入车站实施减速直至停车的过程,要求必须逐级制动。

图4-6　紧急制动按钮

列车运行中,司机应视情况操作常用制动,即将司机控制器逐步拉至"B"位方向,达到平稳制动,避免突然使用较大的制动力。

当列车运行中发生紧急情况可能危及行车安全时,列车司机应迅速采取紧急制动措施。紧急制动按钮如图4-6所示。

3)列车运行的一般要求

(1)乘务员值乘中应精神集中,不间断瞭望,注意信号、仪表、显示屏的显示和线路状态,严格执行"手指呼唤确认"制度,做到安全操纵、平稳驾驶、文明值乘。

(2)列车运行中必须按运行图行车,不盲目抢点运行,不做影响行车的其他事情。

(3) 当使用人工驾驶模式时,须严守速度,按照速度仪表(图4-7)上指示的目标速度驾驶列车运行,使实际速度始终不超过目标速度。在曲线弯道区段、道岔区段或限速地段运行时,严格按照该区段限制速度驾驶列车。

(4) 在正线区间运行中,遇到目标速度为0时,乘务员应操纵列车在距离前方分界标(F标)5m处停车,严禁擅自越过F标停车。

(5) 乘务员接到行车调度员的命令时,要进行命令内容复诵,确认日期、时间、车次、内容、受令处所、车站、调度员代号等,确认无误后方可严格执行;若有疑问或命令不清时,须及时提问,核实清楚,严禁臆测。

(6) 运行中,要正确开放广播,按规定适时开启冷暖通风设备。

(7) 列车运行中需转换驾驶模式时,可通过操作列车驾驶模式旋钮(图4-8)转换,但要得到行车调度员的授权才可操作。

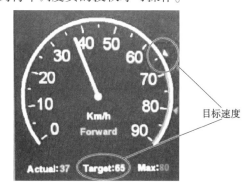

图4-7 车载速度显示表

图4-8 列车驾驶模式旋钮

4.3.3 正线运行中列车驾驶模式的选择与转换

正线运行常用ATO、SM(ATPM)、RM和NRM四种驾驶模式,优先选用ATO、SM(ATPM)模式,使用RM模式须经行车调度员允许,在终点站折返时可使用AR模式,一般不允许采用NRM模式。运行途中驾驶模式的改变必须要有行车调度员的授权。

1) ATO-SM模式转换

在ATO模式下,主控器手柄从"0"位置移出,操作模式就从ATO转变为SM模式。在这种情况下,ATP切断从ATO到逆变器参考值(RVC)的控制信号。

当ATO条件已经满足,在驾驶的任何时候通过将主控器手柄移到"0"位置,按下"ATO启动"按钮,操作模式就从SM模式转变为ATO模式。此时ATP释放从ATO到RVC的输出。

2) RM-SM模式转换

如果列车接收到有效的与列车有关的ATP报文(速度码),则可以从RM模式转变为SM模式。在正线运行中,RM模式下运行2个轨道区间,正常情况下就会收到速度码。

3) NRM-RM模式转换

NRM模式是当车载ATP设备故障或联锁故障后采用的故障运行模式,使用时必须经过批准和登记,用ATP钥匙打开开关后才能起作用。

列车停止,"ATP"开关由"关"切换到"开"位置,且 ATP/ATO 已成功启动,则可以从 NRM 模式转变为 RM 模式。

4.3.4 正线运行注意事项

(1)司机凭车载信号的显示、运行时刻表的规定和进路防护信号机的显示行车。根据运行时刻表和列车出发计时器(DTI)的时分,严格掌握停站和运行时刻,确保列车安全、准点运行。

(2)司机在驾驶列车时,除了认真留意显示屏、各种指示灯/按钮的状态之外,还需要加强在运行中眼观、耳听、鼻闻的意识,做到能从声音中听出异响、鼻子里闻出异味、手感中觉出异常,时刻注意列车运行中的变化。发现异常时,司机应先采取措施,然后立即报行车调度员,按行车调度员指示执行。

(3)列车运行中坚持"动车集中看,瞭望不间断",掌握"远看信号,近看道岔"的原则,确认前方进路安全。严格按照行车组织规则的规定及行车调度员命令控制好列车运行速度,严禁超速。遇危及行车(如弓网故障、线路及其他轨旁设备损坏、超限等)或人身安全的情况时,应立即采取紧急措施并报告行车调度员。

(4)严格执行呼唤应答制度,要求呼唤时机恰当,用语准确响亮。做好"自控、互控、他控",确保行车安全。

(5)司机按照信号显示行车,准确对标,防止越出停车标、错开车门。正常情况下严禁未对好停车标(±50cm)时打开车门。

(6)正常情况下列车采用 ATO 模式驾驶,改变驾驶模式前须要得到行车调度员的授权(《行车组织规则》中规定的除外)。若需采用 NRM 模式或 RM 模式驾驶,司机还应严格按照《行车组织规则》及线路限速规定的速度执行。区间限速牌前按规定要求降速,严禁超速。

(7)司机采用 SM 模式驾驶时,进站时注意严格控制速度,准确对标,避免二次起动。

(8)列车故障或其他原因需临时停车,司机须进行应急广播,做好乘客解释工作。在站台如已知停车时间较长,司机应打开车门和屏蔽门,避免不必要的乘客投诉。

(9)当车辆或信号设备发生故障时,应按照"先汇报后处理"的原则,根据《电客车应急故障处理指南》或《信号设备故障处理指南》的规定进行处理。司机对电客车的故障初步处理,原则上为 4min,司机无法处理或 4min 后还无法动车时,须通过行车调度员向检修调度申请技术支援,同时继续处理故障;若 7min 后仍不能动车时,按行车调度员指示执行。

(10)出现线路及其他轨旁设备损坏或侵限的情况时,司机应立即采取紧急停车措施,并报行车调度员。区间列车发生故障时,应尽量维持进站处理;若列车需带故障维持运行至终点站,司机须密切留意列车运行状态。

(11)司机应加强与车站的联系,严格执行与车站的联控安全措施。车站中转的行车指示或命令须严格复诵并与行车调度员核对清楚,命令不清不准动车,严禁臆测行车,确保列车安全、准点运行。

(12)电客车司机在运行中要掌握好各种行车速度,按要求速度行驶。

4.3.5 正线驾驶列车运行调整方法

列车运行调整的本质就是让发生晚点的列车在尽可能短的时间内恢复到图定运行时

刻。城市轨道交通系统有别于传统铁路,它不存在列车等级、列车越行与会让等情况,所以列车运行调整的实质就是确定出每辆列车在各个车站的到站时间和离站时间,重新绘制列车的实际运行图。在已有的研究成果中,针对列车运行调整的优化目标包括如下四个方面。

(1)调整后得到的实际运行图与原计划运行图之间的偏差最小:采取一定的策略与方法使已经发生晚点的列车尽快恢复图定时刻,减小两图之间的差异与波动。

(2)列车的总晚点时间最少:当列车已经发生晚点时,为减少旅客在站台的等待时间,应该使所有列车的到站总晚点时间最少。

(3)晚点传播区间最小:当前行列车发生晚点传播影响到后续列车的正常运行秩序时,应该尽可能地减少发生晚点的区间范围,即发生晚点的车站数目最少。

(4)晚点列车数最少:实现列车运行调整时,应使被晚点所影响的列车数目越少越好,这样调整的范围也就相应减小。

在正常的正线驾驶过程中,城市轨道交通系统中常见的列车运行调整方法可分为基于ATS子系统的自动列车运行调整与人工列车运行调整两大类。

1)基于ATS子系统的自动列车运行调整

在执行自动列车运行调整功能时,ATS系统根据使用列车运行图对早、晚点时间在一定范围内的图定列车自动进行列车运行调整。自动列车运行调整通过控制列车的停站时间和列车的运行等级来实现。列车运行等级的自动降低或升高可实现列车运行速度的自动控制。列车运行等级的设置如下:

(1)运行等级1。ATS限速等于ATP限速,列车在ATS限速±2km/h的范围内调整速度。

(2)运行等级2。ATS限速等于ATP限速,但经过惰行标志线圈后,在列车速度高于30km/h时,惰行进站停车;在列车速度低于30km/h时,提速至30km/h运行。

(3)运行等级3。除ATP限速为20km/h和30km/h外,ATS限速等于75%的ATP限速,例如,ATP限速为65km/h时,ATS限速为48km/h。

(4)运行等级4。ATS限速为ATP限速的65%。

针对列车运行偏离列车运行图的各种可能,ATS系统设置了太早、很早、早点和太晚、很晚、晚点,及最大、最小停站时间参数。表4-4为某城市轨道交通运营企业ATS系统上述各参数的现行取值。系统计算列车实际到站时间与列车图定到站时间的差值,并将此差值与上述六种参数进行比较,根据比较结果确定列车运行调整方法。

列车运行调整比较参数取值　　　　　表4-4

参　　数	取值(s)	参　　数	取值(s)
太早	90	太晚	90
很早	60	很晚	60
早点	10	晚点	10
最大停站时间	60	最小停站时间	20

①早于"太早"和晚于"太晚"时,系统不能进行自动列车运行调整。

②在"早点"与"晚点"之间时,系统不进行列车运行调整。

③在"太早"与"很早"之间时,列车降低一个运行等级,调整列车停站时间。

④在"很早"与"早点"之间时,列车运行等级不变,调整列车停站时间,停站时间改为图定停站时间加上早点时间,但调整后的列车停站时间不大于列车最大停站时间。

⑤在"晚点"与"很晚"之间时,列车运行等级不变,调整列车停站时间,停站时间改为图定停站时间减去晚点时间,但调整后的列车停站时间不小于列车最小停站时间。

⑥在"很晚"与"太晚"之间时,列车升高一个运行等级;调整列车停站时间。

2)人工列车运行调整

凡列车早点早于"太早"、晚点晚于"太晚"或列车运行秩序较紊乱时,控制中心 ATS 可执行人工功能,由行车调度员进行人工列车运行调整。

在列车早点早于"太早"和晚点晚于"太晚"时,可在不退出自动功能情况下执行人工功能进行列车运行调整,此时,人工功能优先于自动功能。但执行人工功能时设定的列车停站时间和列车运行等级仅对经过指定车站的指定列车一次有效。当指定列车经过指定车站后,系统将自动恢复对经过该站的后续列车进行自动列车运行调整。

在列车运行秩序较紊乱时,应退出自动功能,进行人工列车运行调整,待列车运行基本恢复正常后,再进入列车运行调整的自动功能。人工列车运行调整的主要方法有如下三种:

(1)列车跳站停车。

列车跳站停车分为列车载客跳站停车和列车空驶跳站停车两种。

列车载客跳站停车应严格控制,客流较大的车站原则上不应组织列车跳停通过,仅在由于车辆或他设备故障、发生事故,车站因乘客滞留造成拥挤等原因引起列车运行秩序紊乱,以及特殊需要时,方准列车载客跳停通过。安排列车跳站停车应考虑越站乘客是否有返回乘坐的列车,末班列车不办理列车载客跳停通过。为了缓解客流压力或因列车晚点影响后续列车运行时,准许始发列车空驶跳停,但不宜连续两个空驶列车跳停。组织列车跳站停车时,行车调度员要加强预见性和计划性,提前下达命令。司机和车站有关人员应对乘客做好宣传解释工作,车站应维持秩序,组织好乘客乘降,保证乘客安全。

列车跳站停车的设置可由行车调度员在工作站上进行,也可由行车调度员命令司机在当次列车上进行,前者称为中央设置,后者称为列车设置。中央设置对允许跳停车站有所限制,并且不能设置一列车在两个车站连续跳停。列车设置对允许跳停车站没有限制,并且具有连续设置跳停功能。

(2)扣车。

当一条线路的列车由于车辆及其他设备故障或某种原因不能正常运行,造成换乘站站台上乘客拥挤时,行车调度员应采取扣车措施,即将另一条线路的上下行列车扣在换乘站附近的各个车站,以缓解换乘站的压力。扣车时间一般应控制在 10min 内。如果堵塞线路的列车在短时间内不能恢复正常运行,可组织扣下的列车在换乘站通过。同时,行车调度员应发布畅通线路各站停售跨线票的命令。

行车调度员实施扣车应在列车到达指定站台停稳,并在发车表示器闪光前完成。如多列车分别在各站进行扣车时,行车调度员应及时命令司机在指定车站扣车。实施扣车后,如要终止列车停站,行车调度员应进行催发车。

(3) 设置列车运行等级。

除系统自动调整列车运行等级外,行车调度员还可人工设置列车运行等级,即由初始设定的运行等级改设为其他运行等级。列车运行等级的设置可由行车度员在工作站上进行,也可由行车调度员命令司机在当次列车上进行。行车调度设置只对指定列车一次有效。

4.4　正线驾驶站台作业

4.4.1　站台作业操作程序

本节所讲站台作业仅叙述屏蔽门、车门正常且屏蔽门、车门联动情况下的站台作业程序。为了保证行车安全和乘客人身安全,ATO 模式下对车门的控制采用"半自动"方式,人工驾驶模式下对车门的控制采用"手动"方式。在"半自动"模式下,ATO 控制车门自动打开,司机手动关闭车门;在"手动"模式下,客室车门的打开和关闭全由司机人为控制。

1) ATO 模式下的站台作业操作程序

(1) 列车即将进站时,司机呼"(终点站)××站到,对标停车,控制速度",进站过程注意确认站线及屏蔽门状态和广告灯箱,站台中部时手指确认列车减速制动,并确认列车到站准确对标停稳。

列车在规定位置对标停车(图 4-9)后,观察站台在驾驶室左侧还是右侧;观察 TOD 显示,确认列车具备开门条件。

按压"开左侧门/开右侧门"按钮,并呼唤"开左门/开右门"。

若为 ATO 模式,列车自动开门,需手指呼唤"开左门/开右门"。

图 4-9　对标停车

(2) 列车以 ATO 模式在车站停稳后,打开司机室灯,司机观察司机室台上气制动施加灯亮,先以左手手指确认 TOD(列车司机显示屏)显示屏蔽门图标打开(图 4-10)后,再用手指确认 HMI(人机界面)上显示车门图标全部打开,拉主控手柄至全常用制动位,使列车保持在制动状态,携带对讲机,打开司机室侧门。

(3) 到司机立岗处立岗,左手斜向下指屏蔽门中间,确认屏蔽门、车门全部打开,呼"屏蔽门、车门开启","滑动门打开"灯点亮,如图 4-11 所示,确保屏蔽门及车门完全打开保持10s 及以上,乘客上下完毕、DTI(发车计时器)显示 15s 以下时按压关门按钮。

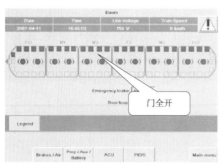
图 4-10 TOD 门全开显示

图 4-11 PSL"滑动门打开"灯点亮

观察列车发车计时器,等乘客乘降完毕后,且列车发车计时器倒计时到"0"时,按压列车侧门处关门按钮关闭车门。

列车发车计时器固定于车站列车到发线侧方,显示自列车到达车站距规定发车时刻的时差(单位为 s)。不同列车运行状态下列车发车计时器显示内容见表 4-5。

列车发车计时器显示内容　　　　　　　　　　　　　　　表 4-5

列车运行状态	列车发车计时器显示内容	列车运行状态	列车发车计时器显示内容
未到达规定的发车时刻	倒计时	提前发车	"000"
到达规定的发车时刻	"000"	扣车	"H"
超过规定的发车时刻	正计时	列车通过	"—"

图 4-12 司机室开关门按钮

跨半步呼"关车门",再操作关门按钮保持 2s 以上(关门期间,持续观察空隙情况),一脚跨站台、一脚跨司机室,手指口呼"屏蔽门关好、车门关好、空隙安全",站在立岗处手指口呼"信号好、道岔好",关司机室侧门并反拉侧门确认关闭良好。司机室开关门按钮如图 4-12 所示。

车门关闭后,通过 PSL(就地控制盘)确认站台门关闭情况,若站台门全关,则"滑动门全关"灯常亮,此时手指并呼唤"门全关"。司机观察车门与站台门之间的缝隙,确认无人或其他影响行车的物品后,手指呼唤"无异物"(图 4-13)。

(4)坐在司机座椅上,将主控手柄回零,左手手指口呼确认"信号好、道岔好、推荐速度有",操作 ATO 发车按钮至发车图标出现后,松开 ATO 发车按钮,关闭司机室灯。

图 4-13 PSL 门全关灯亮、车门屏蔽门无异物

单元4　正线运行及驾驶作业

司机观察列车出站信号机(图4-14),当信号机变为绿色后,关闭司机室侧门;若出站信号机未变为绿色,不得关闭司机室侧门上车,需在司机室侧门处面对信号机进行监护,等待信号机开放。司机观察驾驶台"门全关闭指示灯",若灯点亮,代表客室侧门全部关闭。

观察 HMI 车门状态指示灯,对应侧灯变为绿色代表客室侧门关闭;若有车门没有关闭,则对应车门的指示灯为红色,代表车门故障;HMI 显示门关好,且"门全关闭指示灯"点亮时,手指 HMI 及"门全关闭指示灯"并呼唤"门关好"。观察 TOD 显示屏,显示屏上出现目标速度、距下站距离、离站 YES 等显示情况时,手指 TOD 并呼唤"发车条件具备"。

图4-14　列车出站信号机

确认具备发车条件之后(图4-15),再次确认出站信号机绿灯,手指出站信号机并呼唤"出站绿灯"。在 ATO 模式下,司机按压"ATO 启动"按钮 2s 以上,列车则自动驾驶离开站台。

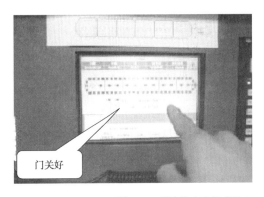
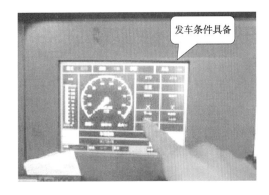

图4-15　列车发车条件确认(HMI 显示门关好、TOD 显示目标速度)

2)人工驾驶模式下的站台作业操作程序

在人工驾驶模式下,司机操作电动列车进站停稳的过程应考虑列车制动的平稳性和乘客的舒适性,故要控制好减速的时机、制动力的大小以及进站速度。一般情况下,手动对标停车的误差应控制在 ±0.5m 以内,严禁未对好停车标打开车门。

在人工驾驶模式下,客室车门 ATO 模式为"手动"方式,司机人工控制客室车门的打开与关闭。开关门作业的工作流程与 ATO 模式中开门作业内容一致。

当司机完成一系列的开关门作业且一切发车条件具备后,按下"警惕"按钮逐级推动司机控制器手柄,牵引列车出站。

4.4.2　站台作业注意事项

(1)站台作业时,进、出司机室跨出站台开关屏蔽门、车门时,应注意列车与站台间的空隙,避免摔伤。屏蔽门与车门不能联动时,必须按照"先开关屏蔽门,后开关车门"的原则执行。

(2)列车进站前,要密切观察站台及轨行区安全情况。遇屏蔽门处于隔离状态或故障,当故障屏蔽门处于打开状态时,应及早鸣笛示警并限速 25km/h,处于关闭状态时无须鸣笛,遇危及列车运行及人身安全的情况时,须立即采取紧急措施。

(3)开门时,司机室在按压"开门"按钮后要确认屏蔽门是否开启;关门时,按压"关门"按钮并不间断瞭望空隙和屏蔽门状态。按压"开/关门"按钮时需保持 2s 以上,保证车门开、关功能正常。

(4)关屏蔽门、车门前应先确认进路防护信号机开放或者具备行车凭证,再关闭屏蔽门、车门。关闭屏蔽门、车门时,须密切注视空隙状态。关闭屏蔽门后,应注意确认所有屏蔽门关闭,屏蔽门上方指示灯灭,PSL"所有门关闭"指示灯亮。关闭车门后应确认司机室内"车门关"指示灯亮,且确认空隙没有滞留乘客及异物。

(5)在列车延误情况下,在站台作业时,司机室须正确掌握关门时机,即屏蔽门和车门打开后至少保持 10s(终点站必须确认站台岗人员给出清客"好了"信号)后再关门。严禁司机盲目赶点,确保站台作业安全。

(6)当乘客向司机投诉时,司机可用"我们正在处理"或"请咨询车站工作人员"等标准用语,转交车站处理,同时通过对讲机请求车站协助,避免相互推拖延误时间。一般问题须在 15s 内解决,司机转入司机室按正常程序动车,并报行车调度员。

(7)需要车站人员协助时,要及时通过对讲机与车站控制室取得联系,并明确协助处理内容。

(8)有站台人员显示"好了"信号的车站,司机须用对讲机回复"好了信号有",仔细观察 CCTV 画面并确认站台无异常后,呼"站台安全",然后进入司机室。

(9)当两人机班值乘时,只需值乘司机一人进行站台作业,非值乘司机在司机室进行监控,车门关好后需探头共同确认空隙安全、CCTV 显示站台安全。在司机室内,两人均需执行手指口呼,终点站时非值乘司机待列车停稳后收拾同机班两人的备品到站台立岗。

4.4.3 对标停车及开门要求

(1)严格按《行车组织规则》的规定速度驾驶列车,严禁超速,进站对标停车。停车精度控制在 ±50cm 以内后,方可按规定开启屏蔽门、车门上下乘客。

(2)客车进站停车,当未到停车标停车时,司机确认运行前方无异常后,迅速以 RM 模式动车对位;当越过停车标 3 个车门以下时,司机先切除 ATP 然后后退对位。此时,司机应立即用车厢广播安抚乘客,并使用无线电话通知车站维持好站台秩序,随后报告行车调度员。列车在该站开出前恢复 ATP。

(3)客车进站停车越过停车标 3 个车门及以上时,报告行车调度员或由车站转报行车调度员,按行车调度员的指示执行。车站应及时对站台行进行广播,做好乘客服务。如客车不开门继续运行到前方站时,行车调度员应通知前方站。尾班车进站停车越过停车标 3 个车门及以上时,原则上组织后退对标上下乘客。

(4)司机人工开门时,应该执行"先确认、后呼唤、跨半步、再开门"的开门作业程序,防止误操作造成错开车门。

先确认:先确认停靠站台和需要打开的车门;

后呼唤:执行车门呼唤制度;

跨半步:跨出站台一脚(另一脚在司机室);

再开门:打开相应侧站台车门,谨防错开门。

(5) 列车进站过程中发生紧急制动时,司机应立即报行车调度员并查看列车设备,并与车站人员确认屏蔽门状态。经行车调度员同意并确认线路安全后方可动车。

4.4.4 呼唤应答制度

城市轨道交通列车司机在隧道或高架上驾驶列车,周围环境单调枯燥,时间一长,容易产生视觉疲劳和注意力不集中;而列车运行中会遇到很多指示灯、信号灯、标识、道岔等,要求司机必须集中精力辨识和确认。为了防止司机走神,使其注意力高度集中,司机在行车中应按照"手指口呼"的一套标准化规范进行作业,呼唤应答制度对站姿、坐姿、行走标准、呼唤时机、呼唤内容等都具有严格、规范的执行要求。

进行呼唤应答时,不得间隔其他确认物,要求食指与中指并拢,手臂伸直,指向需确认的设备,同时呼唤,要求做到手指(指出确认物)、眼看(观察确认物状态)、嘴呼(呼出确认物状态)。站台作业呼唤应答用语见表4-6。

站台作业呼唤应答用语 表4-6

项目	呼唤时机	呼唤用语	备注
列车到站	列车停稳确认车辆显示屏显示车门打开后,将主控手柄拉至快速制动位	车门开启,FB位	车门、屏蔽门自动开启,车门、屏蔽门联动时
站台作业	面向PSL站立,确认"门关闭锁紧指示灯"灭	屏蔽门、车门开启	确认后站台立岗
关门作业	观察乘客上下车情况,按照"运行时刻表"开车点、DTI显示倒数15s以下时,跨半步,眼观空隙,掌握关门时机,按压关门按钮关门	关左、右门	按压前需眼观关门按钮,防止误操作
站台确认	确认车体侧墙灯灭、操纵台站台侧"门关好"灯亮、PSL"门关闭锁紧"指示灯亮、车门屏蔽门之间无夹人、夹物	车门关好、屏蔽门关好空隙安全	手指口呼
	确认CCTV站台安全后进入司机室	站台安全	手指口呼
确认动车条件	确认出站信号机显示正常	绿灯亮	手指口呼
	确认道岔开通正确	道岔直股/侧股	手指口呼
	确认信号屏上有推荐速度	推荐速度有	手指口呼
动车	确认ATO按钮灯闪烁后按压ATO按钮动车	ATO发车	手指口呼
	动车后确认ATO按钮常亮	ATO灯亮	手指口呼

4.5 列车广播

列车广播系统是城市轨道交通运营和进行行车组织的必要手段,能为乘客提供高质量的广播和信息显示。列车广播作业是司机与乘客进行沟通、交流的有效手段,其主要作用有:对乘客广播,通知列车到站、离站、线路换乘、时间表变更、列车误点、各种安全状况等;播放音乐改善列车车内环境;在发生突发事件或紧急情况时,组织指挥事故抢险,提高应急响应能力。

4.5.1 列车广播系统的组成

列车广播设备主要由司机室设备、客室设备和辅助设备构成。两端的司机室各有一套设备,两套设备互为备份,当一方为主机时,另一方则为子机,主机负责信息的播出。客室设备的数量因列车编组数不同而不同。

司机室主要设备包括:司机室广播系统主控设备、司机室控制单元、司机室对讲装置。客室主要设备包括:客室主控设备、电子地图显示、乘客紧急通话装置、客室噪声检测器、音响。

1)列车广播系统的功能

根据城市轨道交通列车运行的实际需要,列车在进行数字式语音自动广播的同时,应能保证人工播放站名和注意事项、两端司机室之间的对讲通话、电子地图信息播放、功能优先级设置、客室紧急报警通话、预录紧急广播信息、从控制中心对列车进行广播等内容的实施。广播信息内容以数字音频方式存储在 SD 卡存储器内,可提供中文和英文报站内容。列车广播包括自动语音广播、半自动语音广播、人工语音广播三类。

(1)自动语音广播。

系统提供自动语音广播功能,广播系统控制器接收到列车的速度信号、关门信号,并把它作为语音自动播放的启动信号,控制列车运行过程中的全自动语音广播。自动语音广播内容包括预报列车前方到站和列车到站信息以及服务用语等插播信息。

(2)半自动语音广播。

根据列车运行的状态,由司机通过司机室广播系统主控面板上的按键操作实现预报前方到站、报到站和其他广播内容,广播内容为预录制的语音信息。

(3)人工语音广播。

司机通过广播系统的主用话筒向客室车厢播放实时语音信息。

2)功能优先级

功能优先级可以设置。高级别的广播可以打断低级别的广播,而低级别的广播要等候高级别广播结束后才能开始播放,被高级别打断的低级别广播在高级别结束后自动恢复。

系统默认的优先级设置为运营控制中心对列车的广播(紧急广播)、乘客紧急报警、司机室对讲、人工语音广播、自动语音广播和实时新闻播放。以上优先级为通用建议序列,在使用中可以对优先级别进行修改。

运营控制中心对列车的广播级别最高,可通过车载无线设备进入列车有线广播系统,从而向列车乘客进行广播。当紧急广播出现时,列车广播系统的广播主机会自动撤销当时正在进行的人工和自动广播,而将紧急广播信息送至客室。

3)乘客紧急报警通话

乘客紧急报警通话装置用于车厢内出现紧急情况时乘客向司机室报警,可实现乘客与司机的双向通话。

在每个客室中设有两个紧急报警器,如图4-16所示,位于车门上方或侧边,该报警器具有双向通话功能,用于乘客向司机报告紧急事件。乘客报警后,在司机室可听到蜂鸣器的声响报警,在列车状态显示屏上显示报警乘客的位置和列车编号、车厢编号等位置信息,乘客可以与司机进行通话以便司机室根据现场情况采取相关措施进行处理。处理结束后,司机在操纵台上按下取消报警键,客室端报警按键恢复等待状态,完成此次报警通话。

图4-16　客紧急报警通话装置

在某一位乘客报警通话期间,若有其他乘客报警,系统会储存其呼叫信息,在当前乘客报警结束后,已被储存等待的乘客报警将会继续自动进行音响告警。

乘客报警的时间和通话内容将被记录在硬盘上,用于后续事件情况查询。司机可以在乘客报警、紧急广播、列车广播、内部通信之间进行选择和切换。

4)电子地图信息显示

在客室乘客信息系统LED屏幕上进行站名汉字显示或站名地图显示,使声音广播报站与文字或地图显示同步进行。屏幕的显示内容和显示方式可通过广播设备的主控面板经通信网络串口进行设置和操作。

4.5.2　广播作业内容

在列车运行过程中,广播内容可以分为常规广播、特殊广播、紧急广播、人工广播、服务广播和推广信息广播等几部分。

(1)常规广播主要指前方到站、到站、列车离站时播放的信息,这些信息一般是事先录制好的;

(2)特殊广播指在运营中出现特殊状况时的广播信息,如运行延误、到站清客等;

(3)紧急广播指在运营中出现紧急情况时播放的信息,如区间清客、紧急撤离等,在紧急情况下司机室必须能通过广播缓解乘客的紧张情绪;

(4)人工广播适用于列车在运行中接到需发布的实时信息,如列车通过站台不停车、临时增加运营时间等;

(5)服务广播和推广信息广播是为乘客的乘车需求提供更好的帮助和遏制乘客乘车时的非正常行为,服务广播有开门方向提示、推广信息广播有让座提示等。

4.5.3　广播作业注意事项

(1)列车在始发站发车前,司机室应根据运行交路设置好列车报站器,如是手动播报,应在列车起动后,及时按下播报按钮。

(2)用报站器报站时,司机室应加强监听,并注意显示屏上站名显示,当发现报站错误时,应及时采用人工广播更正。

(3)当列车报站器发生故障无法使用时,司机应及时通过人工广播进行报站,人工报站应使用普通话,做到声音清晰、语气平和、用语规范。

(4)当遇到列车故障、清客、跳停等特殊情况或其他信息发布时,司机应选取应急广播词及时向乘客进行说明，没有设置应急广播词的列车应采用人工广播。

(5)高峰回库的列车，司机室应进行人工广播，广播内容包括列车目的地、前方到达站及其他注意内容。

司机作为行车组织的最前线执行人员，肩负着安全驾驶列车、快捷运送乘客、保证乘客人身安全的重大任务，必须将乘客服务置于工作的出发点，时刻牢记"安全第一、服务乘客"的运营理念。在执勤过程中，司机必须时刻关注各车厢中乘客的状态，对乘客真正负起应有的责任，积极主动地与车上乘客进行沟通，正确表达行车必要信息，使乘客获得良好的感受，提高服务质量。

司机的广播作业能力不仅体现在人工广播的流畅性上，更表现在突发事件发生时，冷静、准确、恰到好处地设计广播词的能力上，以使乘客积极配合司机室的工作，实现安全运营的目标。

在进行人工广播时，应尽量使用文明用语，如"您""请""谢谢""对不起"等。特殊和紧急情况下的广播内容应首先引起乘客注意，再简单说明情况和原因，最后委婉地提出要求。表4-7列举了一些特殊和紧急情况下的人工广播用语，在实际工作中，司机应能根据具体情况自己快速有效地组织语言，正确进行广播。

列车运营应急广播用语　　　　　　　　　　　　　　　表4-7

序号	广播类型	广播内容	播放频率及要求	备注
1	临时停车广播（5min以内）	各位尊敬的乘客，现在是临时停车，请您稍候，为了您和他人的安全，请勿触动车上的设备，请勿靠近车门，感谢您的谅解与合作	双语各播放1次	系统自动每2min播放1次，人工操作终止
2	列车在区间故障持续停车广播	各位尊敬的乘客，由于临时故障，现正在加紧处理，请您耐心等候，请勿触动车上的设备，请勿靠近车门，感谢您的谅解与合作	双语各播放1次	系统自动每2min播放1次，人工操作终止
3	列车在车站内故障持续停车广播（5min以上）	各位尊敬的乘客，由于临时故障，现正在加紧处理，请勿触动车上的设备，请勿靠近车门，有急事的乘客请改乘其他交通工具，感谢您的谅解与合作	双语各播放1次	系统自动每2min播放1次，人工操作终止
4	列车清客广播	各位尊敬的乘客，由于设备故障/运营组织需要，本次列车将退出服务，请全体乘客下车，给您出行带来不便，我们深表歉意	双语各播放1次	系统自动连续播放直至清客完毕，人工操作终止
5	限速行车广播	各位尊敬的乘客，由于运营需要/天气原因，现需限速行车，不便之处，敬请原谅	双语各播放1次	每个区间播放1次，人工操作终止

续上表

序号	广播类型	广播内容	播放频率及要求	备注
6	部分屏蔽门打不开广播	各位尊敬的乘客,因部分屏蔽门不能自动打开,请从开启的屏蔽门处下车,感谢您的配合	双语各播放1次	开门前播放1次
7	全部屏蔽门打不开广播	各位尊敬的乘客,因屏蔽门不能自动打开,请按照屏蔽门开门指引,打开屏蔽门下车,感谢您的配合	双语各播放1次	开门前播放1次
8	车厢火警广播	各位乘客请注意,车厢内发生火情,请保持镇定,取出座位底下的灭火器扑灭火源,请勿触动列车上的其他设备,工作人员将马上到现场处理	接到火灾消息后,双语各播放1次	系统自动每2min播放1次,人工操作终止
9	不停站通过广播	各位尊敬的乘客请注意,由于运营组织需要,本次列车将不在下一站停靠,需在该站下车的乘客,请在其他站下车,给您出行带来不便,我们深表歉意	双语各播放1次	列车在前一个站动车前播放1次
10	列车再次起动广播	尊敬的乘客请注意,列车将再次起动,请坐好扶稳	双语各播放1次	起动前播放1次
11	列车站内疏散广播	各位乘客请注意,由于列车发生险情,请全体乘客下车,听从工作人员的指引,迅速离开车站	双语各播放1次	连续播放直至清客完毕,人工操作终止
12	终点站清客	××终点站到了,请所有乘客全部下车,多谢合作	双语各播放1次	到××终点站停稳后播放1次
13	车门故障(路旁时)	各位乘客请注意,由于车门故障,为了您的安全,请不要靠近车门,多谢合作	车门发生故障处理后需要旁路动车前,双语各播放1次	每个区间播放1次
14	清客回厂	各位乘客请注意,本次列车将退出服务请所有乘客下车,多谢合作,请工作人员下车	双语各播放1次	列车结束服务到达××站时
15	区间故障救援广播	各位尊敬的乘客,由于临时故障,现正在加紧处理,请您耐心等候,请勿触动车上的设备,请勿靠近车门,感谢您的谅解与合作	双语各播放1次	司机室在做救援准备前播1次
16	前方车站发生险情广播	各位乘客请注意,由于前方车站发生险情,请全体乘客在此站下车,给您出行带来不便,我们深表歉意	双语各播放1次	接到行车调度员通知后在前方车站停车开门后播1次

续上表

序号	广播类型	广播内容	播放频率及要求	备注
17	运行中车门解锁广播	请解锁车门的乘客注意,请勿靠近车门,以免发生危险。列车进站后将有工作人员前来处理,谢谢您的合作	双语各播放1次	出现故障信息后马上广播,系统自动连续播放直至处理完毕
18	区间头部/尾部/两端疏散(区间有疏散平台)广播	各位乘客请注意,由于列车发生险情,需要进行紧急疏散,请您不要惊慌,有序地从打开的车门离开车厢,进入疏散平台,往列车前进方向的头部/尾部/两端方向行走,穿高跟鞋的乘客请脱鞋,听从工作人员的指引,步行前往车站,请注意安全	双语连续播放	连续播放直至清客完毕,人工操作终止
19	区间头部尾部两端疏散(区间无疏散平台)广播	各位乘客请注意,由于发生险情,需要从列车头部/尾部两端疏散,请不要惊慌,请您到列车头部/尾部按照车厢与司机室之间通道门的操作指引打开通道门,进入司机室,按照驾驶室内紧急疏散门的操作指引打开疏散门,步行前往车站,请注意安全	双语连续播放	连续播放直至清客完毕,人工操作终止
20	乘客报警	报警乘客请注意,报警系统已经启动,为了您和他人的安全,请勿触动车上设备,请勿靠近车门,保持镇定。列车马上进站,将有工作人员协助处理	接到乘客报警的信息后,双语各播放1次	系统自动每2min播放1次,人工操作终止
21	乘客报警	各位乘客请注意,乘客报警已启动,请大家保持安静,不要靠近车门,工作人员马上到现场处理,多谢合作	接到乘客报警的信息后,双语各播放1次	系统自动每2min播放1次,人工操作终止

实训任务一　列车正线驾驶

1)实训目标

(1)掌握驾驶列车运行的方法;

(2)熟记列车运行的一般要求;

(3)掌握列车正线运行的操作规范;

(4)能正确执行乘务员的"手指呼唤确认"制度;

(5)能熟练、独立进行列车正线驾驶;

(6)以地铁乘务人员的标准要求自己;

(7)谨记"安全第一",培养严格按照标准化作业操作的习惯。

2)工具与器材

模拟驾驶器、列车发车计时器、司机包、手账、驾驶台激活钥匙、三角钥匙、四角钥匙、手持电台、手电、轮值表、列车运行状态记录单。

3)实训实施

(1)当列车以 ATO 模式运行时,乘务员应将双手放于驾驶台面上,双眼平视前方,认真观察前方线路情况,密切注意列车运行状况。当列车以 ATPM 模式运行时,乘务员应用右手紧握司机控制器手柄操纵列车运行,左手放于驾驶台面上,双眼平视前方,认真观察前方线路情况,密切注意列车运行状况。

(2)乘务员操作司机控制器进行牵引起动;当司机控制器手柄位于"C"位与"P"位之间时,列车即处于牵引状态。严禁将司机控制器由制动级位直接推向牵引级位。司机控制器手柄由制动级位回置"C"位后稍做停顿,再逐渐推至牵引级位;必须逐渐加大牵引力,严禁直接放至牵引最高级位。在人工驾驶模式下,在使用司机控制器时,应始终将司机控制器按压下去(使警惕开关不能弹起),否则列车会报警或自动紧急制动。

(3)列车运行中,乘务员视情况操作常用制动,即将司机控制器逐步拉至"B"位方向,达到平稳制动;须避免突然使用较大的制动力。当列车运行中发生紧急情况危及行车安全的情况时,乘务员应迅速采取紧急制动措施。

(4)在驾驶列车时,乘务员应严格执行手指呼唤确认。乘务员在手指呼唤确认时,要做到手臂平直伸展,食指伸出,准确指出所呼设备;同时呼唤设备状态,内容完整、时机准确、动作标准、声音清晰,达到手比(指出确认物)、眼看(观察确认物状态)和嘴呼唤(呼出确认物状态)三点同步完成。

①信号呼唤。

列车进站呼唤时机:车头越过站台尾端时;呼唤内容:列车进站,对标停车。

对标停车呼唤时机:列车收到使能信号;呼唤内容:开左门(或开右门)。

出站信号机呼唤时机:发车条件具备,起动列车前;呼唤内容:出站绿灯。

区间信号机(绿灯):呼唤时机:接近信号机 100m 内;呼唤内容:信号绿灯。

区间信号机(列车运行中红灯)呼唤时机:距信号机 200m 外。呼唤内容:信号红灯,停车。

区间信号机(列车运行中黄灯)呼唤时机:距信号机 100m 外;呼唤内容:信号黄灯,注意减速。

出库信号机呼唤时机:一度停车,再次起动前;呼唤内容:出库白灯。

②道岔呼唤。

段场道岔呼唤时机:接近道岔 30m 内并看清道岔开通方向;呼唤内容:道岔定位(或道岔反位)。

正线道岔呼唤时机:接近道岔 30m 内并看清道岔开通方向;呼唤内容:道岔定位(或道岔反位)。

(5)乘务员值乘中应精神集中,不间断瞭望,注意信号、仪表、显示屏的显示和线路状态,严格执行"手指呼唤确认"制度,做到安全操纵、平稳驾驶文明值乘。

(6)列车运行中必须按运行图行车,不盲目抢点运行,不做影响行车的其他事情。

(7)当使用人工驾驶模式时,须严格遵守速度规定,按照速度仪表上指示的目标速度驾驶列车运行,使实际速度始终不超过目标速度。在曲线弯道区段、道岔区段或限速地段运行时,严格按照该区段限制速度驾驶列车。

（8）正线区间运行中,遇到目标速度为0时,乘务员应操纵列车在距离前方分界标(F标)5m处停车,严禁擅自越过F标停车。

（9）乘务员接到行车调度员的命令时,要进行命令内容复诵,确认日期、时间、车次、内容、受令处所、车站、调度员代号等,确认无误后方可严格执行;若有疑问或命令不清时,须及时提问,核实清楚,严禁臆测。

（10）运行中,要正确开放广播,按规定适时开启冷暖通风设备。

（11）列车运行中需转换驾驶模式时,要得到行车调度人员的授权才可操作。

4）考核与评价标准

本任务考核与评价标准见表4-8。

列车正线驾驶任务考核与评价标准　　　　　　　表4-8

任务一:列车正线驾驶				
考核说明	教师考核组长操作步骤及操作,组长对组员逐一考核			
班级		姓名		
学习小组		考核时间		
考核项目	考核标准		分值	得分
驾驶坐姿	ATO驾驶模式	双手放在驾驶台面上	1	
		运行时双眼平视前方	1	
		注意驾驶台各仪表、指示灯显示	2	
	ATPM驾驶模式	右手紧握司机控制器手柄左手放在驾驶台面上	1	
		运行时双眼平视前方	1	
		注意驾驶台各仪表、指示灯显示	2	
牵引操作	列车运行时,始终压紧司机控制器不弹起		5	
	改变牵引力大小时,缓慢操作,不用力过猛		5	
制动操作	列车正常运行时,不突然使用较大制动力		5	
	能正确使用紧急制动		5	
手指呼唤确认	信号呼唤	呼唤时机正确	2×7	
		呼唤内容正确	2×7	
		手指动作标准	2×7	
	道岔呼唤	呼唤时机正确	2×2	
		呼唤内容正确	2×2	
		手指动作标准	2×2	
正线驾驶标准	能正确掌握发车时间,不抢点、不晚点运行		4	
	正线驾驶过程中无超过目标速度运行情况(或:正线驾驶过程中若超过目标速度运行能立刻正确实施平稳减速操作)		5	
	正确复诵行车调度员的命令		5	
	正线运行时,正确进行列车广播		4	

续上表

指导教师意见：				
任务完成人签字：	日期：	年	月	日
指导教师签字：	日期：	年	月	日

注：手指呼唤确认作业中的信号呼唤共包括对列车进站、对标停车、出站信号机、区间信号机(绿灯)、区间信号机(列车运行中红灯)、区间信号机(列车运行中黄灯)和出库信号机 7 项内容，道岔呼唤包括段场道岔和正线道岔 2 项内容。

实训任务二　列车站台作业

1）实训目标

(1) 正确进行开关门作业；

(2) 准确确认列车车门状态；

(3) 理解 PSL 灯光显示的含义；

(4) 掌握列车发车计时器表示含义；

(5) 确认列车是否具备发车条件；

(6) 熟练进行手指呼唤确认作业；

(7) 培养严谨、规范的操作流程。

2）工具与器材

模拟舱、PSL、列车发车计时器、乘客上下车监视屏、司机包、手账、驾驶台激活钥匙、三角钥匙、四角钥匙、手持电台、轮值表、列车运行状态记录单。

3）实训步骤

(1) 列车在规定位置对标停车后，观察站台在司机室左侧还是右侧；观察 TOD 显示，确认列车具备开门条件；按压"开 A 侧门/开右侧门"按钮，并呼唤"开左门/开右门"。若使用 ATO 模式，列车自动开门，需手指呼唤"开左门/开右门"。

(2) 站在司机室侧门处等待 HMI 显示列车车门打开情况，手指确认时胳膊平直伸展，食指伸出，手指设备并呼唤其状态。

若门全部开启（各车门状态无颜色显示），手指 HMI 呼唤"门全开"。

若车门打不开，显示红色，按应急故障处理流程处理。

(3) 乘务员开启司机室侧门，在站台面向 PSL 站立，确认站台门打开情况，并手指呼唤"门灯亮"，若 PSL"滑动门打开"灯点亮，代表站台门的滑动门全部打开。PSL 显示内容包括滑动门/应急门/司机室门关闭且锁紧灯、站台门测试状态灯、滑动门打开灯、互锁接触报警灯、站台门测试钥匙及插孔、互锁解除钥匙插孔等)。

(4) 乘务员在司机室侧门外站立，面向站台注意观察乘客上下车状况。

(5) 通过监控器(车头、车尾处摄像头所拍摄的站台状况)观察站台乘客上下车状况。

(6) 观察列车发车计时器，等乘客乘降完毕后，且列车发车计时器倒计时到"0"时，按压列车侧门处关门按钮关闭车门。

(7)车门关闭后,通过 PSL 确认站台门关闭情况;若站台门全关,则"滑动门全关"灯常亮,此时手指并呼唤"门全关"。

(8)观察车门与站台门之间的缝隙,确认无人或其他影响行车的物品;手指呼唤"无异物"。

(9)观察出站信号机,当信号机变为绿色后,关闭司机室侧门,若出站信号机未变为绿色,乘务员不得关闭司机室侧门上车,需在司机室侧门处对信号机进行监护,等待信号机开放。

(10)观察驾驶台"门全关闭指示灯",若灯点亮,代表客室侧门全部关闭。

(11)观察 HMI 车门状态指示灯,对应侧灯变为绿色代表客室侧门关闭;若有车门没有关闭,则对应车门的指示灯为红色,代表车门故障;HMI 显示门关好,且"门全关闭指示灯"点亮时,手指 HMI 及"门全关闭指示灯"并呼唤"门关好"。

(12)观察 TOD 显示屏,显示屏上出现目标速度,距下站距离,离站 YES 等显示情况时,手指 TOD 并呼唤"发车条件具备"。

(13)确认具备发车条件之后,再次确认出站信号机绿灯,手指出站信号机并呼唤"出站绿灯"。若 ATPM 手动驾驶,乘务员操纵司机控制器驾驶列车出站。

(14)若为 ATO 模式,乘务员按压"ATO 启动"按钮 2s 以上,列车则自动驾驶离开站台。

4)考核与评价标准

本任务考核与评价标准见表 4-9。

列车站台作业任务考核与评价标准 表 4-9

任务二:列车站台作业				
考核说明	教师考核组长操作步骤及操作,组长对组员逐一考核			
班级		姓名		
学习小组		考核时间		
考核项目	考核标准		分值	得分
开门条件确认	确认对标停车		2	
	列车速度为 0		2	
	停靠显示"YES"		2	
	车门显示"Enable"		2	
	站台门显示"Enable"		2	
开门	观察需打开左侧/右侧车门		1	
	打开正确的车门		4	
HMI 识别	说出 HMI 显示的含义		5	
HMI 确认	手指呼唤确认 HMI 门状态		5	
PSL 识别	说出 PSL 的含义		5	
PSL 确认站台门打开	手指呼唤确认站台门打开		5	
乘客上下车监视	在司机室外监视乘客上下车,并注意观看监控器		5	
列车发车计时器识别	说出列车发车计时器作用及表示含义		10	

续上表

考核项目	考核标准	分值	得分
关门时机选择	确认乘客上下车完毕	2	
	确认列车发车计时器时刻为0	3	
关门	按要求关闭对应车门	5	
PSL确认站台门关闭	手指呼唤确认站台门关闭	5	
确认车门 与站台门之间缝隙	手指呼唤确认车门与站台门之间缝隙处无异物	5	
确认列车发车条件	确认门全关闭指示灯点亮	2	
	确认HMI门状态	2	
	确认TOD具有目标速度	2	
	确认TOD给出下站距离	2	
	确认TOD显示"离站YES"	2	
确认出站信号机	确认出站信号机颜色	5	
	手指呼唤出站信号机状态	5	
发车	按要求起动列车	10	

指导教师意见：

任务完成人签字：　　　　　　　　　　　　　　　日期：　　年　　月　　日

指导教师签字：　　　　　　　　　　　　　　　　日期：　　年　　月　　日

注：站台作业有顺序要求，考核时顺序错误项不得分。

实训任务三　广播作业

1）实训目标

（1）能正确操作广播设备；

（2）能进行人工广播，口齿清晰，内容明确。

2）工具与器材

音源输出设备、预录制语音设备、前级放大器、功率放大器、刀关控制模块、噪声检测模块、应急广播控制模块、测试模块、功放检测模块、电源模块、扬声器系统以及管理控制终端等设备。

3）实训步骤

（1）正确开启音源设备、信号放大处理设备、传输线路以及扬声器系统；

（2）根据实训情境设置，选择正确广播用语播报。

情况一：常规广播

在进行广播时，应尽量使用文明用语，如"您""请""谢谢""对不起"等。

情况二：特殊和紧急广播

特殊和紧急情况下的广播内容应首先引起乘客注意，再简单说明情况或原因，最后委婉地提出要求。在实际工作中,司机应能根据具体情况自己快速有效地组织语言,正确进行广播。常见的应急广播如下。

①临时停车。

各位乘客:因本次列车(或前方列车、线路、设备、供电系统等)故障,现正在积极处理,请大家耐心等待,协助我们维护好车内秩序。

②在站通过。

各位乘客:您好,接调度命令,本次列车在××站通过不停车,有在该车站下车的乘客请您提前下车、在站台等候下次列车。给您带来的不便请您谅解,谢谢合作。

③列车终点站临时清客。

各位乘客:本次列车停止运营服务,请您立即下车,等候下次列车,感谢您的合作。

各位乘客:本次列车将会在前方站退出运营服务,请您携带好随身物品,到站下车,在站台等候下次列车。给您带来的不便请您谅解,谢谢合作。

④列车区间疏散。

a. 从列车到车站。

乘客您好:因发生车辆故障,本次列车已无法继续运行,为了您的安全,请您按顺序前行到车头方向,按照工作人员的引导前往下站。请不要拥挤,注意安全,以免发生损伤。给您带来的不便请您谅解,谢谢合作。

b. 从列车到列车。

乘客您好:本次列车无法继续运行,请您按顺序前行到车头(或车尾)方向,按照工作人员的引导转乘另一列车。请不要拥挤,注意安全,以免发生损伤。给您带来的不便请您谅解,谢谢合作。

c. 紧急情况。

紧急广播!因发生紧急情况,请乘客从就近的司机室离开列车,前往下一站或出口。情况已经得到控制,请保持镇定,不要拥挤、奔跑,以免发生损伤。

⑤列车发生突发事件。

各位乘客:您好,因列车发生严重意外事故无法继续运行,为了您的安全,请按秩序由开启的车门下车,请不要拥挤,注意安全,以免造成损伤。请您听从工作人员的指挥,迅速撤离车站,给您带来的不便请您谅解,谢谢合作。

⑥缓解乘客紧张情绪。

各位乘客:目前情况已完全得到控制,请保持镇定。有进一步的消息,我们会尽快通知大家。谢谢您的配合。

⑦列车紧急制动。

各位乘客:由于信号设备故障,列车产生紧急制动,给您带来的不便请您谅解,谢谢合作。

⑧列车晚点。

各位乘客:您好,本次列车晚点,请您协助我们的工作抓紧时间上下车,给您带来的不便请您谅解,谢谢合作。

⑨列车门或屏蔽门故障。

乘客请注意,现在列车×号车厢的×号车门(或屏蔽门)不能开启,下车的乘客请从其他车门下车,给您带来的不便请您谅解,谢谢合作。

4)考核与评价标准

本任务考核与评价标准见表4-10。

广播作业任务考核与评价标准   表4-10

任务三:广播作业				
考核说明	教师考核组长操作步骤及操作,教师或组长对组员逐一考核			
班级		姓名		
学习小组		考核时间		
考核项目	考核标准		分值	得分
广播设备操作	能正确设置广播形式(自动、半自动、人工)		5	
	能正确接收乘客报警		5	
人工广播用语	常规广播	始发站出发	5	
		列车进站	5	
		列车出发	5	
		终点站到站及清客	5	
	特殊和紧急广播	临时停车	6	
		在站通过	6	
		列车终点站临时清客	10	
		列车区间疏散	10	
		列车发生突发事件	10	
		缓解乘客紧张情绪	10	
		列车紧急制动	6	
		列车晚点	6	
		列车门或屏蔽门故障	6	
指导教师意见:				
任务完成人签字:		日期:	年 月	日
指导教师签字:		日期:	年 月	日

 复习思考题

1. 简述列车自动驾驶模式下的正线操作。
2. 简述"先确认、后呼唤,跨半步、再开门"开门作业程序。
3. ATO模式下站台作业的操作程序是什么?
4. 简述广播作业内容。

单元 5　折返作业

教学目标

1. 掌握城市轨道交通列车换端操作的方法；
2. 掌握列车折返方式及不同运行模式下的列车折返方式；
3. 掌握终点站折返和中间站这方的操作方法及操作关键点。

建议学时

6 学时

5.1　列车折返概述

5.1.1　折返站的布置形式

折返站根据其自身位置及折返能力的需求有不同的形式，主要体现在折返线的布置。一般来说，终点站采用的折返形式较为灵活，以站前折返或者站后折返两种方式为主。而中间折返站由于位于线路的中部，配置折返线时不仅要考虑折返能力的要求，还必须考虑折返列车与正线列车的合理运行顺序及间隔。

1）折返线的设置原则

为了保证列车折返作业的需求、行车合理调度及正常运行，折返线布置时应遵循以下设置原则：

（1）为了提高折返效率，缩短折返所用时间，并保证行车间隔满足要求，折返线的有效长度宜为远期列车长度加 40m（信号安全防护距离）。

（2）对于尽头式的折返线，线路末端应配置缓冲车挡，且车挡应按照空载列车运行速度不大于 30km/h 考虑。

（3）折返线上不能临时停放故障列车作为停车线使用。但是，折返线上若增设检查坑或者相应设施时，可以作为夜间停放列车的存车线使用。

（4）终点折返站在配置折返线时，可以延长线路长度并且增设渡线作为折返线使用，但必须按照列车对数和信号要求核算其折返能力。

2）折返线的布置形式

在城市轨道交通线路中，折返线按其布置形式可以分为贯通式和尽头式两大类，为了使折返作业更加灵活，又衍生出了混合式折返和渡线折返两种方式。

（1）贯通式折返线。

贯通式折返线允许列车经过两端的渡线进出。根据折返线的布置方式可以分为以下几种类型：折返线与站台平行布置的横列式（图5-1）、折返线与站台沿列车到达方向纵向布置的纵列式，纵列式根据折返线所处的位置又包括外包式（图5-2）和一侧式（图5-3）。

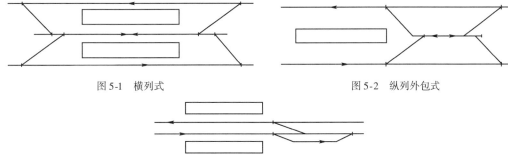

图5-1 横列式　　　　　　　　　　图5-2 纵列外包式

图5-3 纵列一侧式

横列式布置时，折返作业与正线列车相互干扰较小、作业组织灵活、能够实现双向列车的折返作业，机动性较强，但是车站宽度较大，对意外事件的应对能力不足。

纵列式折返线对于列车控制要求较为简单，作业较为顺畅，且对于双折返线车站，其中一条折返线可用于临时存放列车，应用较为灵活，但是由于工程量较横列式大，远端道岔距离车站较远，不利于管理和维修。

（2）尽头式折返线。

一般说来，尽头式折返即列车只能沿一个方向进入折返线，一般设置于车站列车到达方向的前端。尽头式折返线与正线和站台的相对位置决定了这种形式的折返线分为以下两种形式：纵列式和横列式。若按照折返线的数量划分，则分为单折返线和双折返线式。若按照折返作业的执行方式则又可以分为站前折返和站后折返两种形式。不同类型的尽头式折返线分别如图5-4～图5-8所示。

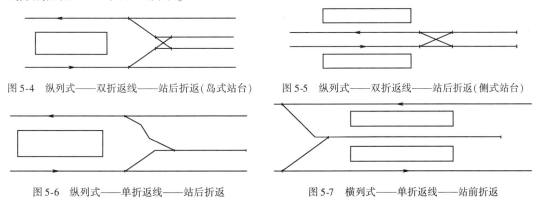

图5-4 纵列式——双折返线——站后折返（岛式站台）　　图5-5 纵列式——双折返线——站后折返（侧式站台）

图5-6 纵列式——单折返线——站后折返　　图5-7 横列式——单折返线——站前折返

纵列式折返线对于列车控制要求较为简单，作业较为顺畅，且对于双折返线车站，其中一条折返线可用于临时存放列车，应用较为灵活，但是由于工程量较横列式大，远端道岔距离车站较远,不利于管理和维修。

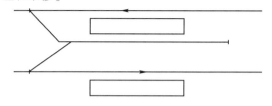

图 5-8　横列式——单折返线——站前折返

与贯通式的横列式布置类似,折返作业与正线列车相互干扰较小,作业组织灵活,能够实现双向列车的折返作业,机动性较强,但是车站宽度较大,对意外事件的应对能力不足。

(3)混合式折返线。

混合式折返线综合了站前折返和站后折返两种作业方式,主要是为了解决在折返作业过程中的一系列限制。例如,不论站前还是站后折返,折返站列车到达或者出发时间间隔一般都大于正线线路的列车追踪间隔,且在运营高峰期间,折返线的不足也会影响列车的发车间隔,因此需要灵活增设折返线的条数。图 5-9 ~ 图 5-11 为混合式折返线的几种布置方式,其中,图 5-9 为站前折返与站后折返混合的形式;图 5-10 的布置方式适合两条独立运营线路之间的方便换乘;图 5-11 的布置方式适用于两条共线运营的线路折返。

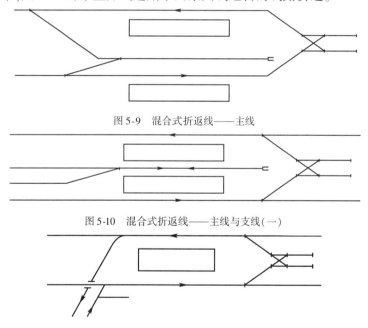

图 5-9　混合式折返线——主线

图 5-10　混合式折返线——主线与支线(一)

图 5-11　混合式折返线——主线与支线(二)

混合式折返站兼具纵列式和横列式的特点,同时具有站前折返和站后折返两种方式,通过合理增加配线,能够形成接车、转线、发车的平行进路,能够使两列或者两列以上列车在站内互不干扰地完成折返作业,缩短列车折返时间并提高折返能力和运营效率。不足的是,混合式折返站由于占地面积较大,工程量较大,造价较高。

(4)折返渡线。

此类折返站不需要设置独立的折返线,而是在站前或者站后通过添加单渡线或者交叉渡线的方式来进行折返作业。其主要布置方式如图 5-12~图 5-15 所示。

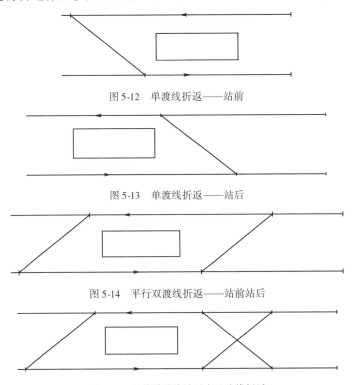

图 5-12 单渡线折返——站前

图 5-13 单渡线折返——站后

图 5-14 平行双渡线折返——站前站后

图 5-15 站前单渡线站后交叉渡线折返

折返渡线布置形式相对简单,不足之处则是折返能力受限制,后期预留能力不足。

由于众多的布置形式各不相同,折返线不同的配置造成折返站的折返能力也不相同。一般来说,站后折返能力比较大,专用折返线的能力大于渡线的折返能力。

3) 折返线条件

(1) 折返线的作业量。

折返线的作业量决定了折返线需要提供的能力,是直接影响折返线配置形式的关键因素。折返线的能力以折返间隔时间这一指标予以表征,而折返时间间隔的缩短则是折返线布置形式的优化目标。一般情况下,折返线的布置以高峰时段单位小时内的折返作业量为准。在折返间隔时间大于线路乘客输送能力需要的折返间隔时,为满足客流量及密集发车的需求,折返线布置的数量应不少于 2 条。而在折返线数量一致的条件下,不同的折返线布置形式之间的差异以及最小折返间隔的不同,折返线的折返能力也会不一样。

在设计时,为了考虑突发客流、线路设备故障等突发情况,需要预留一定的折返能力以提高折返线的灵活运用。折返线的设置越灵活,轨道交通运营组织的条件越优越,越能够提高乘车的便利性、清客的方便性、行车组织的灵活性以及降低运营干扰程度等。

(2) 折返线的运营控制。

① 列车运行控制的复杂性。

列车的折返及换向作业对于线路信号设备的设计及控制有特殊的要求,列车运行控制越简单,对于控制的安全及效率越有利。

②运营组织的灵活性。

在实际运营中,若存在多条折返钱,也就存在多种折返线利用和调整的方案,并且能够在非正常运营时能够较快地启动相应的替代方案以满足正常的行车秩序条件及消除意外事故造成的不利影响。

③与正线列车相互干扰的程度。

对于中间折返站,配置折返线路时既要考虑折返能力的需求,又要满足正线其他列车的运行秩序,将折返列车与正线列车相互干扰的程度降至最低,满足相互之间的协调运行,实现线路整体能力的最大化,并尽量扩大折返通过能力。对于终点折返站,由于不存在这种相互制约机制而不必考虑这种情况。

5.1.2 列车操纵台的转换

无论是站前折返还是站后折返,无论是单司机室折返还是双司机室折返,都必须进行换端操作,即列车操纵台的转换。换端操作包括对终端司机室和始端司机室的操作。

终端司机室:将司机控制器手柄置于"紧急"位,"方向转换"开关置于"0"位;"门选向"开关置于"0"位,断开各负载开关,断开 BHB(高速断路器)开关,确认司机室各开关位置正确;取出激活钥匙;携带钥匙及备品,锁好司机室门,由客室通道到达另一端司机室。

始端司机室:司机到达另一端司机室后,使用钥匙激活司机室,"方问转换"开关置于"前"位,闭合各负载开关;闭合 BHB 开关,进行简略制动试验,确认各仪表和指示灯显示正常,转换操纵台作业完毕。

5.1.3 列车折返方式

根据折返线的布置不同,列车折返方式分为站前折返和站后折返两种。

(1)站前折返。站前折返示意图如图 5-16 所示。

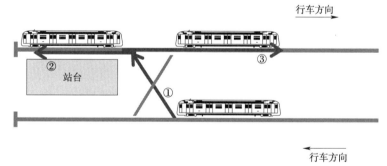

图 5-16　站前折返示意图

图 5-17a)是列车在终点站站前折返时的双渡线折返设备,图 5-17b)是列车在中间站站前折返时的单渡线折返设备。

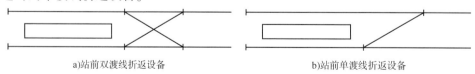

a)站前双渡线折返设备　　　　　　b)站前单渡线折返设备

图 5-17　站前折返时的折返设备

采用站前折返方式,列车无空车走行,折返时间较短;乘客上下车同时进行,能缩短停站时间;此外,站线和折返线相结合,能节省投资费用。站前折返的缺点是出发列车与到达列车存在敌对进路交叉,影响行车安全;列车进出站通过道岔,致使列车速度受限制和乘客有不舒适感;乘客上下车同时进行,在客流量大的情况下,站台秩序会受到影响。

列车到发作业产生交叉干扰的条件是进路有交叉,并且占用进路的时间相同,这两个条件必须同时具备才构成真正的进路交叉。在行车密度很大的情况下,采用站前折返方式,要完全消除到发列车的交叉干扰难度较大。

(2)站后折返。站后折返示意图如图5-18所示。

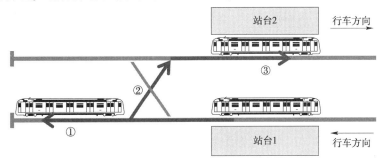

图5-18 站后折返示意图

图5-19a)是列车在终点站站后折返时的尽端线折返设备,图5-19b)是列车在中间站站后折返时的单渡线折返设备,图5-19c)是列车在终点站站后折返时的环形线折返设备。

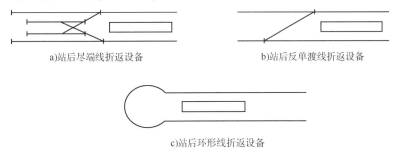

图5-19 站后折返时的折返设备

采用站后折返方式,能避免采用站前折返时存在的缺点,出发列车与到达列车不存在敌对进路交叉,行车安全;而列车进出站速度高,有利于提高旅行速度。因此,站后折返方式被广泛采用。站后折返方式的主要缺点是列车折返时间较长。

环形线折返设备能保证最大的通过能力,节约设备费用与运营成本。但它也存在一些缺点,如列车在小半径曲线上运行造成单侧钢轨磨耗,折返线不能停放检修列车,以及若用明挖法施工修建会增大开挖范围等。所以在线路的终点站常采用尽端线折返设备。采用尽端线折返设备,折返线既可供列车折返,也可供列车临时停留检修。

5.1.4 不同模式下的列车折返操作

列车到达终点站后,司机开关门作业完毕,待进入折返线的信号开放后,司机可驾驶列车进入折返线;司机在折返线停稳后进行换端作业,再驾驶列车进入站台。

ATO模式下的折返包括有人自动折返和无人自动折返两种。

1)ATO模式下的有人自动折返

(1)ATO模式下的有人自动折返。

ATO模式下的有人自动折返的实现条件是列车处于ATO模式,且折返过程中司机在列车上。

①列车到达折返站,清客完毕,关闭车门及站台安全门。

②司机按下ATO发车按钮,列车驶入折返线并自动停车。

③列车停稳后,司机拔出当前司机室钥匙,到另一端司机室插入钥匙。或联控换端,由在另一端司机室的司机插入钥匙,激活司机室。司机确认ATO模式建立,按下ATO发车按钮,列车驶到发车站台。

(2)ATO模式下的无人自动折返。

列车无人自动折返模式的实现条件是列车处于ATO模式,信号系统具备无人自动折返功能,折返过程中列车上无司机。

①列车到达折返站,清客完毕,关闭车门和站台安全门,司机将驾驶模式转换为ATB模式,将主控手柄转换至"N"位,方向手柄转换至"0"位,按下自动折返按钮,拔出钥匙后锁好司机室侧门下车。

②司机下车后按压站台自动折返按钮,列车自动运行至折返线并折返运行至发车站台,完全停稳后自动打开车门和站台安全门。司机进入司机室,激活列车前端司机室。

2)ATPM模式下的折返

列车在终点站进行站后折返时,当停站时间已到,待进入折返线的信号开放,司机以ATPM模式驾驶列车进入折返线。列车在折返线停稳后进行换端作业,以ATPM模式运行至发车站台。

3)IATP模式下的折返

列车到终点站后折返时,当停站时间已到,待进入折返线的信号开放,司机以IATP模式驾驶列车进入折返线。列车在折返线停稳后,进行换端作业。换端后,司机将模式开关1转换至"RM"位置,以RM模式运行至发车站台,确认TOD显示屏显示IATP可用,先将模式开关1转换至"IATP"位置,然后进行开关门作业。

4)RM模式下的折返

该折返模式的实现条件为:在限制模式下,若车载信号系统正常,则司机采用相应驾驶模式。如采用RM驾驶模式,必须得到行车调度员同意,并限速25 km/h运行;若车载信号系统故障,则只能采用RM驾驶模式运行。

(1)列车到达折返站,清客完毕,人工关闭车门、安全门。

(2)司机驾驶列车运行到折返线的停车点对标停车。

(3)司机拔出钥匙后,到另一端司机室插入钥匙或由在另一端司机室的司机插入钥匙,激活司机室。

(4)司机确认进路、道岔、信号均符合发车条件后,驾驶列车运行到发车站台对位停稳后,打开车门、安全门。

5) NRM 模式下的折返

该折返模式的实现条件为:在联锁系统故障的情况下,不能实现电操道岔,需要人工手摇道岔来实现折返,在车载信号系统正常的情况下,司机采用相应驾驶模式。若采用 NRM 模式,必须得到行车调度员同意,并限速 25 km/h 运行;在车载信号系统故障的情况下,则只能采用 NRM 驾驶模式运行。

(1)列车到达折返站,清客完毕,人工关闭车门、安全门。

(2)站务人员手摇道岔至规定位置并加装钩锁器,通过手持对讲与司机联控,司机确认进路、道岔、信号均符合发车条件后,驾驶列车运行到折返线停车点停车。

(3)司机拨出钥匙后,到另一端司机室插入钥匙或由联控换端在另一端司机室的司机插入钥匙,激活司机室。

(4)站台人员手摇道岔至规定位置并加装钩锁器后,通过手持台与司机联控,司机确认进路、信号、道岔均符合发车条件后,驾驶列车运行到发车站台,打开车门、安全门。

折返作业根据折返位置的不同分为终点站折返、中间站折返;根据折返方式的不同分为站前折返、站后折返等。无论是哪一种形式的折返作业,都应当严格遵守以下原则:

(1)严格遵守交接班制度,坚持"有车必有人"的原则(无人自动折返及单司机室除外)。

(2)进行折返作业时,不允许正司机单独进行折返作业,必须正副司机同时进行折返作业(无人自动折返和单司机除外)。

(3)转换列车驾驶端前,必须联控换端确认列车尾端司机控制器关钥匙后,方可激活列车头端司机室。

(4)动车前确认所有人员均在安全区域。

(5)列车变更驾驶模式前,必须得到行车调度员的授权。

5.2 终点站折返

5.2.1 列车 DTRO 自动折返模式折返司机作业程序

列车终点站折返作业一般采取站后折返方式,特殊情况下,列车终点站折返作业采用站前折返模式。

列车终点站站后折返方式可分为 DTRO(无人驾驶列车折返运行)模式、人工折返模式两种。在 DTRO 自动折返模式下,司机负责检查自动折返前乘客已经下车,车门已经关闭,操作位于站台端墙处的自动折返按钮 DTRO 实现列车自动折返,此时司机可以不在车上,即不加干预地进行列车折返作业。

1)到达司机作业程序

(1)司机在列车到达终点站前将携带物品放进备品包内,列车进站时听到"接××次司机已到位"的通知后,使用对讲机进行复诵。

(2)列车到站停稳后,正常站台作业确认屏蔽门、车门打开(车辆屏车门图标、PSL 指示灯),出司机室确认乘客下车无异常后,进司机室与接车司机室交接(主要交接车次、行车调度员命令、列车状况)。

(3)到站台立岗,手指口呼确认站台清客好了信号并用对讲机回复"清客完毕,明白",待信号机正确,呼"关车门"进行关门作业。

(4)确认屏蔽门、车门关好及空隙安全后,返回司机室,确认TOD(列车司机显示屏)显示AR模式可用,将驾驶模式转至ATB位,按压自动折返按钮,待TOD显示"黄色ATB模式"后,将主控手柄、方向手柄回零,确认TOD信号屏出现自动折返图标后,关钥匙离开司机室,并锁好司机室侧门。

(5)确认人员处于安全位置,左手手指口呼"灭灯,道岔好"。确认时刻表开点后,操作站台自动折返DTRO按钮(约3s后松开),确认列车起动整列出清站台后,方可离开。

2)接车司机作业程序

(1)提前1min立岗,列车停稳车门、屏蔽门打开后,打开端墙门,通过司机室侧门进入司机室与到达司机进行对口交接,并查看列车状态卡(主要交接车次、行车调度员命令、列车状况)。

(2)待到达司机关好屏蔽门、车门后,方可打开通道门并确认客室无乘客遗留。确认到达司机室转换AR模式、操作自动折返按钮、确认折返图标出现、关闭主控钥匙后,方可离开司机室并确认通道门关闭。

(3)待列车在折返线停稳后,观察列车到位情况,确认信号显示及道岔位置是否正确。发现异常时,及时破坏折返程序,须人工介入。

(4)快速经客室到达对端司机室,手指口呼"灭灯、道岔好"。待正常折返到站台后等待车门、屏蔽门自动打开,并以手指确认TOD显示屏蔽门、车门打开图标,待HMI上显示车门全部打开后,开主控钥匙,将主控手柄拉至全常用制动位,转换驾驶模式。出司机室时,手指口呼确认"屏蔽门、车门开启",然后返回司机室设置广播,确认发车时间、列车状态卡、各指示灯按钮及设备柜开关等,然后到站台立岗。

5.2.2 终点站人工驾驶折返司机作业程序

由于各城市轨道交通运营企业的信号系统、车型及劳动条件(有的线路为单司机,有的线路为双司机,有的线路设折返司机)不尽相同,人工驾驶折返的控制和作业流程也有所区别,但折返的原理和原则都是一样的。按照列车驾驶模式不同,折返作业分为两类,一种是ATO或SM模式折返,一种是RM或NRM模式折返。

1)ATO或SM模式折返

(1)站后折返。

到达司机作业程序如下:

第一步,列车到站停稳后,正常站台作业确认屏蔽门车门开启后,回到司机室做清客广播,与接车司机交接(主要交接车次、行车调度员命令列车状况)。

第二步,到站台手指口呼确认站台的"清客好了"信号,并用对讲机回复"清客完毕,明白",呼"关车门",然后进行站台作业,返回司机室。

第三步,打开通道门确认无乘客遗留,锁好司机室侧门,用左手手指口呼"灭灯、道岔好、推荐速度有",然后操作ATO发车按钮(ATP模式下需人工驾驶),动车后关司机室灯,到达折返线对标停稳,关钥匙。

第四步,将驾驶模式转至 AR 位,门模式转至 AM 位,通知接车司机"已关钥匙并转换驾驶模式 AR、门模式 AM 位"。待列车折返至站台停稳开门后,通过司机室通道门从客室下车,下车后用对讲机通知接车司机"到达同机已下车"。

终点站人工折返呼唤应答用语见表 5-1。

终点站人工折返呼唤应答用语　　　　　　　表 5-1

呼唤应答时机	到达司机	接车司机	备 注
到车到站台中部	②接车司机已就位收到	①接车司机已就位	接车司机提前 1 min 到指定位置立岗接车
列车停稳开门后	②接车司机已上车收到	①接车司机已上车	
折返线交接完毕后	①已关钥匙,可以换端	②已关钥匙,可以换端收到	
折返到另一站台停稳后	①到达司机已下车、通道门已锁好	②到达司机已下车、通道门已锁好收到	到达司机反推确认通道门完全锁好

接车司机作业程序如下:

第一步,提前 1min 立岗,待列车停稳车门、屏蔽门打开后,进入司机室与到达司机进行对口交接并查看列车状态卡(主要交接车次、行车调度员命令、列车状况)。

第二步,待到达司机关好屏蔽门、车门后,方可打开通道门并确认客室无乘客遗留。

第三步,快速经客室到达对端司机室后,检查各指示灯按钮及设备柜开关等。待接到"到达司机已就位,已关钥匙并转换驾驶模式 AR、门模式 AM 位"的通知后开钥匙,转换驾驶模式,手指口呼"灭灯、道岔好、推荐速度有",然后正常折返至站台。

第四步,屏蔽门、车门开启后,手指口呼"屏蔽门、车门开启"并确认"到达司机已下车"后,返回司机室设置广播,确认发车时间、列车状态卡无误后到站台立岗。

(2)站前折返。

站前折返到达司机作业程序如下:

第一步,站前折返时到达司机需提前通过无线电台通知终点站队长或副队长,并在列车进入终点站时通过对讲机呼叫接车司机,通知接车司机"××次列车进行站前折返"。

第二步,ATB 到站停稳后,正常站台作业确认屏蔽门车门开启,回到司机室关钥匙,将驾驶模式转至 ATB 位,门模式转至 AM 位,通过司机室对讲与接车司机交接(主要交接车次、行车调度员命令、列车状况)。

第三步,关司机室灯,通过司机室侧门下车,下车后用对讲机通知接车司机"到达司机已下车",同时监听接车司机的回复。

站前折返接车司机作业程序如下:

第一步,接到列车采用站前折返的通知,提前 1min 在下行站台头端司机立岗处接车,列车进站时,注意观察列车运行状态是否正常。

第二步,确认屏蔽门车门打开后,从司机室侧门上车,打开司机室对讲机,通过司机室对讲与到达司机进行交接(主要交接车次、行车调度员命令、列车状况)。

第三步,交接完毕,开钥匙,将驾驶模式转至 ATO/ATP 位,设置广播,确认时刻表发车时间、列车状态卡,检查司机室各指示灯按钮及设备柜开关等,到站台立岗,收到到达司机已下车的通知后,通过对讲机回复。

第四步,按时刻表,看信号关门动车。

2) RM 或 NRM 模式折返

司机人工驾驶以 RM 或 NRM 模式进入列车折返线,按规定速度对标停车后,进行更换操纵台作业,发车条件具备以后以 RM 或 NRM 模式出站。

(1) 站后折返。

到达司机作业程序如下:

第一步,列车到站停稳,正常站台作业确认屏蔽门车门开启后,回到司机室做清客广播,与接车司机进行交接(主要交接车次、行车调度员命令、列车状况)。

第二步,到站台手指口呼确认站台的"清客好了"信号,并用 400M 电台回复"清客完毕,明白",呼"关屏蔽门"并操作屏蔽门关门按钮,确认 PSL 上"门全关且锁紧"绿灯亮后,将屏蔽门模式开关打至"自动"位并取下 PSL 钥匙。然后呼"关车门"并跨半步操作关门按钮保持 2s 以上(关门期间,持续观察空隙情况),一脚跨站台、一脚跨司机室并以手指口呼"屏蔽门关好、车门关好、空隙安全",站在立岗处手指口呼"黄灯好、道岔好"。

第三步,打开通道门车确认无乘客遗留后,锁好司机室侧门,以左手手指口呼"黄灯好,道岔好",然后动车关司机室灯,到达折返线对标停稳,待接车司机通知可以关钥匙时,关钥匙。

第四步,将驾驶模式转至 ATB 位,门模式转至 AM 位,通知接车司机已关钥匙。待列车折返至站台停稳开门后,通过司机室通道门从客室下车,下车后用 400M 电台通知接车司机"到达司机已下车"。

接车司机作业程序如下:

第一步,提前 1min 立岗,待列车停稳车门、屏蔽门打开后,进入司机室与到达司机进行对口交接并查看列车状态卡(主要交接车次、行车调度员命令、列车状况)。

第二步,待到达司机关好屏蔽门、车门后,方可打开通道门并确认客室无乘客遗留。

第三步,快速经客室到达对端司机室,确认信号机开放后通知到达司机关钥匙。待接到到达司机"已关钥匙并转换驾驶模式 ATB、门模式 AM 位"的通知后,开钥匙转驾驶模式、门模式,手指口呼确认"黄灯好、道岔好",然后正常折返到站台后。

第四步,人工打开车门屏蔽门,以手指口呼"屏蔽门、车门开启"并确认到达司机已下车后,返回司机室设置广播,确认发车时间、列车状态卡、各指示灯按钮及设备柜开关等状态正常后,到站台立岗。

(2) 站前折返。

到达司机作业程序如下:

第一步,列车到站停稳后将主控手柄拉至全常用制动位,并打开司机室灯,确认开门侧方向,到达司机通过对讲机联控接车司机开屏蔽门,确认屏蔽门开启,到达司机操作开门按钮,手指确认 HMI 上显示车门全部打开,到站台立岗处手指口呼"屏蔽门、车门开启"。

第二步,回到司机室关钥匙,将驾驶模式转至 ATB 位,门模式转至 AM 位,通过司机室对讲与接车司机交接(主要交接车次、行车调度员命令、列车状态等)。

第三步,关司机室灯,通过司机室侧门下车,下车后用对讲机通知接车司机"到达司机已下车"。

第四步,出站信号开放,使用 RM 模式出站,在越过出站信号机前通过车载信号系统显示屏显示,确认列车已升级到 ATO 或 ATPM 模式后方可继续运行。如未升级到 ATO 或 ATPM 模式,应按 RM 模式运行到规定信号机;如仍未升级到 ATO 或 ATPM 模式,按 ATP 故障处理。

5.3　中间站折返作业

线路中间站折返即小交路折返,是指发生特殊情况因线路不能满足列车正常运行或行车调度员根据客流情况调整列车运行方式而使用的,在中间车站站台完成折返的一种行车方式。

接到行车调度员指示列车在中间站小交路折返时,司机应认真复诵行车调度员命令,并在"司机手账"上记录相关调度命令内容。同时,司机应要求行车调度员通知车站,协助开屏蔽门。从接到折返命令起终止自动广播,每站对标停车开门后,做好人工广播告知乘客本次列车的终点站是××站。

5.3.1　中间站折返操作及关键点

1)中间站折返操作程序

(1)当收到行车调度员命令需要起动小交路折返时,司机应认真复诵行车调度员命令,并在《司机日志》上记录相关调度命令内容。

(2)及时做好乘客广播:"尊敬的各位乘客,因运营组织需要,本次列车终点站为××站,请各位乘客到站后下车,对您带来的不便,我们深表歉意。"

(3)列车到站前,司机应先把"三位开关"打至"手动"位,列车到站后,司机打开下客侧向车门、屏蔽门进行清客,清客后凭站台"好了"信号关门,并根据行车调度员指示执行。

2)中间站折返安全关键点

(1)小交路折返时,务必确认客室无乘客遗留。

(2)进入折返线、存车线、渡线时,司机必须认真确认信号、道岔位置是否正确,发现异常要及时停车。

(3)在折返线、存车线需要对标停车时,严格执行"三、二、一车"限速对标。

(4)折返线、存车线停稳后,与行车调度员共同确认列车是否够位,够位后关钥匙并换端,按行车调度员指示执行。

5.3.2　列车转备用、开备用作业

1)列车在站台线路转备用

(1)列车进入车站,列车两侧有站台时,司机把"三位开关"打至"手动"位,手动打开下客侧车门、屏蔽门,广播通知乘客及员工本趟列车退出服务。

(2)确认客室所有乘客已下车,凭站务人员显示"好了"信号关门。

(3)施加停车制动、分主断、分空调,按压折返按钮,关闭主控钥匙,锁好司机室侧门。

(4)从通道门进入客室,检查是否有乘客遗留的物品,到达另一端司机室下车。

2)列车到折返线或存车线转备用

(1)列车到达就近或者相邻车站自动开门后,司机广播通知乘客离开列车。

(2)确认站务人员"好了"信号以及客室内所有乘客已下车后关门。

(3)有折返信号的情况下,按压折返按钮,以 SM 模式或 ATO 模式驾驶列车至折返线对标停车。信号故障情况下,则以 RM 模式驾驶。

(4)施加停车制动、分主断分空调,关闭主控钥匙,锁好两侧及两端司机室侧门。

(5)检查客室是否有乘客遗留的物品,到另一端司机室后报告行车调度员,下线路前穿好荧光服,按行车调度员的指示步行出折返线或待令。

3)备用车投入服务

(1)有折返线的,按规定进入折返线。进入司机室,报行车调度员,与行车调度员核对开车车次和发车点。

(2)确认信号开放后,打开主控钥匙,确认司机室内各指示灯和显示屏显示正常,通过乘客信息显示系统(PIDS)或远看确认后端通道门关闭。

(3)缓解停车制动,合空调,合主断路器,打开客室灯(并确认正常开启),按要求打开上客侧车门(在折返线或存车线,则先按行车调度员的指示驾驶列车至车站,再开门),投入正常的服务。

4)列车开、转备用安全关键点

(1)列车因故需进入就近车站存车线或到终点站退出服务时,司机按行车调度员的指示做好退出服务相关工作,对标停稳,按规定开门后做好清客广播,确认清客完毕、站台岗给出"清客好了信号"后按规定关门。司机向行车调度员确认运行目的地后,凭行车调度员命令及进路信号、车载信号驾驶列车进入存车线或车厂,在进入存车线折返或入厂折返前需检查客室情况,防止误将乘客带到存车线或车厂。

(2)在两侧都有站台的车站退出服务,列车使用 ATO 模式折返前需将"三位开关"打到"手动"位,防止列车折返到另一站台时车门屏蔽门自动打开。

(3)进入折返线或到达折返车站停稳换端后及存车线动车前,必须确认进路防护信号绿/黄灯亮后方可开主控钥匙。

(4)司机在步行进出存车线或折返线前,必须和车站及行车调度员联系,确保人身安全。

5.3.3 终点站、中间站折返作业注意事项

(1)站后折返时,到达司机与接车司机一般实行"面对面"交接;站前折返一般通过两端司机室对讲进行交接(接车司机待清客广播故完后激活司机室对讲进行交接),若遇司机室对讲故障则改用对讲机交接班,交接的内容包括列车、线路、行车相关设备设施的特殊状态、行车调度员命令,以及其他行车安全注意事项等。

(2)严格按折返程序操作,确认现场所有人员均在安全区域后,方可操作 DTRO 开关;确认列车已经起动,整列车出清站台后方可离开。

(3)列车在折返时,必须确认信号开放,司机室折返按钮 AR 指示灯闪烁 5s 以上才能激

活驾驶台。

(4)列车在折返线发生故障无法动车,行车调度员决定换车时,故障车司机应开钥匙破坏列车自动折返,做好列车防护,并按行车调度员指示执行。

实训任务　列车折返作业

1)实训目标

(1)能够在站务配合下清客;

(2)掌握列车折返的条件;

(3)熟练进行手动折返操作;

(4)熟练进行自动折返操作;

(5)熟练进行手指呼唤确认作业;

(6)培养严谨、规范的操作流程,培养严格按照标准化作业操作的习惯。

2)工具与器材

模拟舱、手账、激活钥匙、司机室包、三角钥匙、四角钥匙、手持电台、轮值表、列车运行状态记录单。

3)实训步骤

(1)手动折返操作流程。

①列车到达折返站之后,确认车门全部开启,乘务员在站台处站立,观察乘客下车情况。

②站务人员进入车厢内部进行清客,注意让所有乘客均下车,不得载客进入折返线;乘客下车完毕后,向乘务员发出"一切妥当"手信号;乘务员确认站务员给出手信号之后,进行关门作业。

③乘务员按压司机室侧门关门按钮 2s 以上,关闭车门及站台门;关门过程中,乘务员、站务员注意观察站台状况,若有乘客未下车或在关门过程中上车,须及时联系站务人员处理;关门时需进行手指呼唤制度,步骤与站台作业一致。

④乘务员关闭车门后,在车外站立,面向信号机,等待车站出站信号机开放及道岔开通。

⑤信号及道岔开通后,乘务员进入司机室,对发车条件进行确认,并进行手指呼唤确认(步骤、操作与站台作业一致);手指门全关闭灯及 HMI,呼唤"门关好";手指 TOD 呼唤"入库条件具备";手指道岔呼唤"道岔定位/反位";手指出站信号机呼唤"出站黄灯/绿灯"。其中,黄灯代表开通侧向,道岔反位;绿灯代表开通正向,道岔定位。

⑥将模式开关逐级扳至相应模式(ATO),或将模式开关逐级扳至相应模式(ATPM)。

⑦若为 ATO 模式,则按压"ATO 启动"按钮 2s 以上,起动列车入库;若在 ATPM 模式下,乘务员操作司机控制器起动列车入库。

⑧乘务员驾驶列车到达库线停车标处对标停车,恢复开关、手柄位置,并将钥匙转为"OFF"位。乘务员用三角钥匙打开司机室后端门,通过客室车厢,进入另一端司机室。检查列车各开关、保险及按钮正常后,激活列车并建立安全回路,将模式选择开关扳至"ATO"或"ATPM"位。

⑨出库信号机开放后,乘务员进行手指呼唤"出库绿色/黄灯,道岔定位/反位"。若为ATO 模式,乘务员按压 ATO 发车按钮 2s 以上,列车自动驶出库线;若为 ATPM 模式,需由乘

务员操纵司机控制器驶出库线。

⑩列车在车站对标停车后,ATO 模式下列车自动开门(ATPM 下列车手动开门),操作流程及手指呼唤确认程序与站台作业相同。

(2)自动折返操作流程。

①~⑤步与手动操作折返流程相同。

⑥将司机控制器放至惰性位("C"位)。

⑦将模式选择开关扳至待机位("STBY"位)。

⑧按压"自动折返"按钮 5s 以上松开。

⑨将钥匙扳至"OFF"位。

⑩观察 TOD 显示模式为 DTB(自动折返)。列车正常起动后,进入自动折返状态。拔出钥匙,观察列车起动是否正常。如起动正常,携带行车物品(三角钥匙、四角钥匙、手持电台、运行记录单及其他所需物品),用三角钥匙打开司机室后端门,通过客室车厢,进入另一端司机室。

⑪列车自动到站停稳后,将会打开对应车门,然后确认车门、站台门全部开启,对列车进行激活并建立安全电路。正确建立安全回路后,将模式开关扳至相应驾驶模式,确认无误后,站立站台监护乘降情况并准备关门发车。

4)考核与评价标准

本任务考核与评价标准见表 5-2。

列车折返作业任务考核与评价标准　　　　　　　表 5-2

任务:列车折返作业			
考核说明	教师考核组长操作步骤及操作,组长对组员逐一考核		
班级		姓名	
学习小组		考核时间	
考核项目	考核标准	分值	得分
手动折返	确认车门开启	4	
	侧门外站立监护乘客下车	1	
	配合站务清客	3	
	手指呼唤关闭对应车门	2	
	确认信号显示,并进行手指呼唤	2	
	确认道岔显示,并进行手指呼唤	3	
	正确确认发车条件	5	
	将驾驶模式扳至"ATO"或"ATPM"位	5	
	在 ATO/ATPM 模式下驾驶列车入库	2	
	对标停车	3	
	模式开关扳至"STBY"位	2	
	司机控制器扳至"EB"位	2	
	钥匙扳至"OFF"位	1	

续上表

考核项目	考核标准	分值	得分
手动折返	通过司机室后端门、客室车厢,进入另一端司机室	3	
	激活列车	2	
	正确建立安全回路	3	
	模式选择开关扳至"ATO"或"ATPM"位	2	
	确认出库信号,并进行手指呼唤	3	
	确认道岔,并进行手指呼唤	2	
	正确驾驶列车出库并对标停车	5	
	站台监护	5	
自动折返	确认车门开启,侧门站立监护乘客下车	2	
	正确清客关门,并进行手指呼唤	3	
	正确确认信号、道岔,并进行手指呼唤	3	
	正确确认发车条件	2	
	司机控制器放至"C"位	3	
	模式选择开关扳至"STBY"位	2	
	按压自动折返按钮	5	
	钥匙扳至"OFF"位	2	
	观察TOD显示模式为DTB	5	
	拔出钥匙,携带行车物品至另一端司机室	5	
	正确建立安全回路,选择驾驶模式	5	
	站台监护	3	

指导教师意见:

任务完成人签字: 日期: 年 月 日

指导教师签字: 日期: 年 月 日

复习思考题

1. 列车折返作业的注意事项有哪些?
2. 简述列车操纵台转换作业流程。
3. 什么是列车无人自动折返模式?
4. 简述中间站折返操作程序。

单元 6　车辆段内调车作业

教学目标

1. 掌握调车工作基本要求;
2. 掌握调车作业的有关规定;
3. 能够用标准的动作使用徒手信号表达昼间和夜间不同调车手信号;
4. 能够按照调车作业标准程序进行调车作业;
5. 能够按照规定进行列车回库洗车、入洗车库洗车作业。

建议学时

6 学时

　6.1　调车作业

6.1.1　调车概述

1) 调车种类

在城市轨道交通系统的日常运输生产活动中,除列车到达、出发、通过及在区间内运行以外,凡机车车辆进行的一切有目的的移动,统称为调车。调车分为以下几类:

(1) 转线调车,是指将列车或车辆从某一条线路转移到另一条线的作业过程。

(2) 编组调车,是指根据《技术管理规程》和列车编组计划的要求,将单个车辆或单组车通过移动、连挂的方法将其组成一列车。一般在列车检修作业后运用。

(3) 摘挂调车,是指为电客车补轴、减轴、换挂车辆或摘挂车辆。

(4) 解体调车,是指将一列车通过分解、移动的方法将其分开。一般在列车检修作业前运用。

(5) 取送调车,是指将列车或车辆送到与其他接驳的轨道上,或由接驳的轨道上将列车或车辆调回本单位停车线的作业过程。

(6) 其他调车,如车列或车组转场、货车检厂、整理车场存车及在站线上放行机车等。

2）调车工作要求

调车工作是一项多工种联合行动的工作。为了安全、准确、迅速、协调地进行调车工作，必须贯彻统一领导、单一指挥的原则。在车辆段调车，车辆段调度员为调车领导人，调车长为调车指挥人。

调车的工作要求有：

(1)按照调车作业标准，及时、准确地执行调车作业计划，保证调车作业的完成。

(2)合理安排调车作业计划，保证按电客车运行图的规定时刻发车，不影响接车。

(3)及时取送检修的车辆。

(4)不断总结工作经验，充分运用调车机车及一切技术设备，采用先进工作方法，用最少的时间完成调车任务，提高调车工作效率。

(5)必须牢固树立安全生产的思想，正确处理安全与生产的关系，认真学习和执行安全生产的规章制度，保证调车有关人员的人身安全及行车安全。

3）调车信号

(1)调车信号机。

要熟悉调车作业中信号机显示的命令要求，严格按照信号指示进行作业，调车信号机如图6-1所示。

①月白色灯光——准许越过该信号机调车。

②蓝色灯光——不准许越过该信号机调车。

③当信号机的灯光熄灭，显示不明显或显示不正确时，应视为列车的停车信号。

图6-1 调车信号机

(2)手信号显示的规定。

手信号是行车有关人员拿信号旗或信号灯或直接用手臂显示的信号，用来表达相关的含义，指示列车或车辆的允许和禁止条件。正确使用调车手信号，对保证调车作业安全，提高作业效率具有重要作用。

为保证手信号的显示正确和防止误认，行车有关人员显示手信号时，必须严肃认真，要位置适当、正确及时、横平竖直、灯正圆角、角度准确、段落清晰。

(3)调车手信号的种类及含义见表6-1。

调车手信号的种类及含义　　　　　　　　　　　　　　　　　表6-1

序号	调车手信号类别	昼间显示方式	夜间显示方式
1	停车信号	展开红色信号旗,无红色信号旗时,两臂高举头上,向两侧急剧摇动	红色灯光,无红色灯光时,用白色灯光上下急剧摇动
2	减速信号	展开绿色信号旗下压数次	绿色灯光下压数次
3	指挥列车或车辆向显示人方向来的信号	展开绿色信号旗在下方左右摇动	绿色灯光在下方左右摇动
4	指挥列车或车辆向显示人反方向去的信号	展开绿色信号旗上下摇动	绿色灯光上下摇动
5	指挥列车或车辆向显示人方向稍行移动的信号(包括连挂)	左手拢起的红色信号旗直立平举,右手展开的绿色信号旗在下方左右小动	绿色灯光下压数次后,再左右小动
6	指挥列车或车辆向显示人反方向稍行移动的信号(包括连挂)	左手拢起的红色信号旗直立平举,右手展开的绿色信号旗在下方上下小动	绿色灯光平举上下小动
7	三、二、一车距离信号	展开的绿色信号旗平举下压三、二、一次	绿色灯光平举下压三、二、一次
8	连挂作业信号	两臂高举头上,拢起的手信号旗杆成水平末端相连	红、绿色灯光(无绿色灯光用白色灯光代替)交互显示数次
9	试拉信号(连挂号后试拉)	按本表第6项的信号显示,当列车起动后立即显示停车信号	
10	停留车位置信号	—	白色灯光左右小摇动
11	取消信号:通知前发信号取消	拢起的手信号旗,两臂与前下方交叉后,左右摇动数次	红色灯光作圆形转动后,上下摇动
12	道岔开通信号:表示进路道岔准备妥当	拢起的黄色信号旗高举头上上右摇动	绿色灯光高举头上左右小动

(4)徒手信号。

管理人员及行车有关人员检查工作或遇列车救援、发生紧急情况,没有携带信号旗或信号灯时,可用徒手信号显示。徒手信号类别及显示方式见表6-2。

徒手信号类别及显示方式　　　　　　　　　　　　　　　　　表6-2

序号	徒手信号类别	显示方式
1	紧急停车信号(含停车信号)	两手臂高举头上,向两侧急剧摇动
2	三、二、一车信号	单臂平伸后,小臂竖直向外压直,反复三次、二次、一次分别位三、二、一车信号
3	连挂信号	紧握两拳头高举头上,拳心向里,两拳相碰数次

续上表

序号	徒手信号类别	显示方式
4	向显示人方向稍行移动	左手高举直伸,右手平伸小臂左右摇动
5	向显示人反方向稍行移动	左手高举直伸,右手向下斜伸,小臂上下摇动
6	试拉信号	如本表第4项或第5项,当列车刚起动后立即显示停车信号(第1项)
7	"好了"信号	单臂向列车运行方向上弧线做圆形转动

(5)音箱信号。

在作业过程中采用的音箱信号,长声为3s,短声为1s,间隔为1s。重复鸣示时,需间隔5s。

客车、车组、工程车、轨道车等列车的鸣笛显示方式,见表6-3。

列车的鸣笛显示方式　　　　　　　　　　　　　　　　　　　表6-3

序号	名　称	鸣示方式	使用时机
1	起动注意信号	一长声 (—)	①列车起动或机车车辆前进时; ②接近车站、鸣笛标、隧道、施工地点、黄色信号、引导信号、天气不良时; ③在区间停车后,继续运行时,通知车长; ④客车在检修及整备中,准备降下或升起受电弓
2	退行信号	二长声 (——)	客车、机车车辆、单机开始退行时
3	召集信号	三长声 (———)	要求防护人员撤回时
4	呼唤新号	二短一长声 (··—)	①客车或机车出入车厂时; ②车站要求显示信号时
5	警报信号	一长三短声 (—···)	①发现线路有危及行车安全的不良处所时; ②列车发生重大、大事故及其他需要救援情况时; ③列车在区间内停车后,不能立即运行通知车长时
6	试验自动制动机复示信号	一短声 (·)	①试验制动机开始减压时; ②接到试验制动结束的手信号,回答试风人员时; ③调车作业中,表示已接受调车长所发出的信号时
7	缓解信号	二短声 (··)	试验制动机缓解时
8	紧急停车信号	连续短声 (······)	司机发现临线发生障碍,向临线上运行的列车发出紧急停车信号时,临线列车司机听到后,应立即紧急停车

6.1.2　线路标志与符号

1）线路标志

（1）警冲标。

警冲标是用来指示轨道车、电客车停车时不准越过道岔或线路交叉点,以防发生侧面冲撞的标志。一般警冲标设置在两会合线路间距离为 4m 的中间,如图 6-2 所示。

（2）限速标。

限速标用来表示该线上电客车运行的最高限速度,如图 6-3 所示。

图 6-2　警冲标

图 6-3　限速标

2）《调车作业单》符号

（1）勾种代号。

挂车：+；

摘车：-；

本线连续连挂：++；

待命：D；

加油：JY；

顶车：丁；

超限车：超限；

关门车：关门；

待命：D；

交接班：JJ；

整备：ZB。

（2）股道代号。

待修车停放线：L-4；

运用库股道：L-5～L-16；

检修库：L-17、L-18、L-45、L-46；

调车机库、吹扫线、静调线、定修线、临修线、大架修线：L-23～L-39；

工程车库股道：L-41～L-43；

试车线：试 L-44；

牵出线:牵 L-3、牵 L-48、牵 L-49;

联络线:联 L-22、联 L-40;

走行线:走 L-21;

洗车线:洗 L-19;

不落轮镟修线:镟 L-20;

材料线:材 L-47。

(3)其他代号。

铁鞋:"◁";

手闸:"⊕";

木鞋:"◢"。

6.1.3 调车作业规定

1)车内调车作业规定

(1)调车作业方法仅限牵引、推进调车,禁止溜放调车和手推调车(特殊情况下,经公司指定负责人同意方可手推调车)。

(2)调车作业必须按照调车信号机和调车手信号的显示要求进行。没有信号不准动车,信号不清立即停车。调车作业时,调车长必须正确及时显示信号,司机要认真确认信号,并鸣笛回示,没有回示时,应立即显示停车手信号。连挂车辆时必须显示三、二、一车的距离信号和连挂信号,一车距离以 20m 为标准,没有显示三、二、一车距离信号和连挂信号不准挂车。

(3)车辆连挂前要一度停车,连挂后的车辆要先试拉,确认连挂妥当,撤除防溜措施后方可动车。调车作业完毕,应将车辆或列车停于线路警冲标内方,做好防溜措施,防止车辆或列车溜走。

(4)取消调车进路时,应确认列车尚未起动,通知调车长或调车司机,并得到应答后,方可关闭调车信号。信号机故障开放不了,需越过关闭的信号机时,调车长得到车厂信号楼值班员通知,确认进路开通后方可领车越过该信号机。

(5)调车速度,不同的城市轨道交通运营企业对调车速度的规定不尽相同,由于调车作业量不大,一般速度要求比较低,某城市轨道交通运营企业规定的调车速度见表6-4。

调 车 速 度　　　　　　　　　　表 6-4

序　号	项　目	速度(km/h)
1	空线牵引运行	20
2	空线推送运行	15
3	调动装载超限货物的车辆	10
4	在尽头线调车时	5(接近 20m 时为 3)
5	在停车库内及维修线	5
6	对货位时	5
7	接近被连挂的车辆时	3

2）调车作业防溜及防护

为防止车辆溜逸,避免列车冲撞事故,需制定列车、车辆的防溜及防护规定。具体的防溜及防护要求如下:牵出线、洗车线、出入段线、试车线、咽喉道岔区,禁止停放机车车辆,其他线路存放车辆时,应经车辆段调度员同意方可占用。机车车辆应停在线路两端信号机内方,并做好防溜措施。在没有设置信号机的线路,应停放在该线路的警冲标内方。

工程机车车辆、轨道车应在上车顶扶梯处揭挂"高压电、禁止攀爬"字样的标志牌。

平板车及机车停放在线路上不再调动时,应连挂在一起,并拧紧两端手闸,必要时放置铁鞋。因装卸设备需要不能连挂在一起时,应分组做好防溜,中间车组拧紧手闸,两端放置铁鞋。

调车作业过程中,应做到摘车时先做好防溜(客车应恢复气制动气制动和停车制动,工程车拧紧手闸,必要时放置铁鞋)后再摘车;连挂时,挂妥后再撤出防溜。

3）手持无线电话的使用及呼唤应答制度

(1)使用时机。

电客车处于弯道、看不清调车信号时;段场线、正线推进运行时;车辆较长、压信号调车或看不清调车信号时;压信号调车时,动车前要与信号楼值班员联系,听其指挥。

(2)使用要求。

操作人员必须掌握手持无线电话性能和使用方法,严格按规定操作,必须妥善保管、爱护使用手持无线电话。接班后,由调车班组负责人向调车人员逐个呼叫、发讯,经双方通话和色灯显示试验良好后,方可使用手持无线电话。信号楼值班员所使用的无线手持无线电话必须处于扫描状态,有呼叫信号立即接听。使用手持无线电话进行调车作业时,有关岗位应密切配合,确保作业安全。

(3)使用规定。

严格按照标准用语;调车作业必须认真贯彻单一指挥的原则,除调车员外,原则上其他人均不准发射指挥机车的信号命令。调车作业必须下达《调车作业计划单》。若要在调车过程中变更计划,可由信号楼值班员用手持无线电话布置,要求停车传达,有关人员必须复诵,调车负责人向有关人传达清楚,作业完毕后,信号楼值班员根据实际情况更改《调车作业计划单》。现场调车人员根据作业要求,站在便于前后瞭望的位置,加强联系。连挂前一度停车,再动车时调车员告知司机距离情况。进入线路作业前,调车员必须先发停车信号,并与司机联系,得到司机应答后方可进入作业。在发生危及人身安全和行车安全的情况时,其他调车人员有权随时发出停车信号和用语,调车司机接收到停车信号后应立即停车,停车后有关人员要立即报告原因。

4）安全控制点、风险点

下面从九个方面介绍调车作业的安全控制点和风险点。

(1)遇下列情况禁止调车。

设备或障碍物侵入线路设备限界;电客车转向架液压减震器被拆除并且空气弹簧无气;禁止两组机车或车辆同时在同一条股道上相对移动;机车车辆制动系统故障影响行车安全;有维修人员正在机车车辆上作业影响行车;机车车辆底部悬挂装置脱落;电客车停放股道接触轨挂有接地线;货物装载、加固不符合相关规定;机车车辆两端车钩处挂有"禁止动车"警示牌。

（2）组织两列车在同一股道作业时，应先通知一列列车在指定位置停机待令，向另一列列车司机布置安全注意事项及存车位置情况后，再开放防护信号机放行该列车到指定位置停放。

（3）在带电区段调车作业时，原则上作业人员不得下车。

（4）在机车车辆移动中，禁止下列行为。

在平板车的侧板或端板、支架上坐立；站在车梯上探身过远；在装载易于窜动货物的车辆间和货物空隙间站立或坐卧；骑坐车帮，跨越车辆；进入线路内摘管或调整钩位；在机车前后端坐立；飞乘飞降。

（5）调动机车车辆作业时的注意事项。

摘接风管、调整钩位、处理钩销时，应等待车辆、车列停稳，并向司机显示防护信号；摘车时，应执行一关前（关折角塞门）、二关后（关折角塞门）、三摘（摘风管）、四提钩的作业程序；调整钩位、处理钩销时，不得探身到两钩之间；使用折叠式手闸，须在停车时竖起闸杆，确认方套落下，月牙板关好，插销上好后方可使用。注意检查手闸链条良好。

（6）禁止提活钩，禁止溜放调车作业。

（7）严禁排列短进路调车作业。

（8）调动无动力电客车时，应确认气制动和停放制动全部缓解，运行中保持车辆主风缸风压不低于 0.5MPa，低于 0.5MPa 时按规定泵风至定压或切除停放制动。电客车司机与调车员加强联系，共同确认车辆制动状态。

（9）行走线路。

调车员应走两线路之间显示信号，并注意邻线的机车车辆。严禁在道心、枕木头上行走，在有接触轨的线路必须远离接触轨的一侧行走，禁止脚踏钢轨面、道岔连接杆、尖轨、接触轨等。横越线路时，应一停、二看、三通过，注意左右机车车辆的动态及脚下有无障碍物。横越停有机车车辆的线路时，先确认机车车辆暂无移动，然后在该机车车辆 5m 外通过。严禁在运行中的机车车辆前面抢越。不准在钢轨上、车底下、枕木头、道心里坐卧或站立，不准跨越地沟。

6.1.4 车厂内调车作业程序

下面从七个方面介绍车厂内调车作业程序。

（1）司机听取车厂调度员布置有关安全注意事项，确认现场是否出清，领取调查作业单并签名确认。

（2）在车厂调度员处理调车作业单后，到相应股道对列车进行整备作业，并报信号楼值班员；整备作业完毕后，司机与信号楼值班员确认调车进路已排列。确认两侧无异物侵入限界、信号机开放及平交道口安全后，方可鸣笛动车。

（3）进入牵出线调车作业时，须严格按照"三、二、一"要求控制速度，对标停车，停妥后施加停放制动，关主控钥匙并带齐行车备品换端。换端完毕后，联系信后楼确认下一钩作业计划情况，得到允许动车的指示后，激活驾驶台，确认调车进路已排列、调车信号机开放后，方可鸣笛动车。

（4）在库门口一度停车标前一度停车,确认道口安全后限速5km/h动车入库。

（5）待列车对标停妥后,报告信号楼值班员,施加停放制动、关闭空调、分高速断路器、降受电弓后收车,带齐行车备品下车并将司机室侧门锁闭。

（6）向车厂调度员和段/场副队长汇报作业情况,上交调车作业单。

（7）其他规定参照行车组织、车厂运作手册执行。

6.2 洗车作业

6.2.1 洗车作业概述

1）洗车作业的含义

洗车作业特指对列车外部进行清洗的作业不包括车厢内部的清洁。

2）洗车作业的模式

洗车模式有手动和自动两种。正常洗车作业用自动模式,司机按洗车线地面信号机的显示和洗车机的信息提示洗车。自动模式分为自动清水洗和自动洗涤剂清洗两种。根据洗车作业的工作量不同,洗车作业又分为列车全洗和列车侧洗。常用的洗车设备如图6-4所示。

图6-4 洗车设备

3）洗车机的主要功能

洗车机为室外单向通过式布置形式,列车的移动依靠列车本身动力,由司机控制以3km/h的速度进行清洗。对车辆的清洗分为清水清洗和清洁剂(碱性)清洗两种,每班8h可清洗列车24列车,每日最多可洗144辆四轴车,能清洗列车首尾车厢的端部和每辆车厢的外侧。洗车机有全自动控制与手动控制两种控制方式,设有水循环系统和污水处理系统,能够循环使用清洗列车的水,以减少洗车的用水量,每列车的清水耗量约为560ml。洗车机一般设有多个紧急按钮,在紧急情况下,任何一个紧急按钮按下,整个洗车程序将立即停止。

4）洗车机的设备组成

洗车机的主要设备包括预湿喷淋装置、洗洁剂洗刷装置、端头洗刷装置、水洗刷装置、后清洗喷淋装置、最后清洗喷淋装置(再生水)、最后清洗喷淋装置(清水)、控制系统、信息显示系统、水循环和污水处理系统。

6.2.2 洗车作业过程

在规定的地点,司机将列车转为"慢行模式",根据第一块洗车机信息显示板的指示,在信号机开放后,驾驶列车进入洗车区。洗车过程中严禁使用雨刮器,洗车过程中电客车车门必须关闭,严禁打开车门。信号设备故障不能开放信号,或洗车机设备故障时,禁止进行洗车作业。电客车回厂洗车作业时,原则上由本机班负责完成洗车作业。进行洗车作业前,车厂值班员应通知洗车机控制室值班人员,确认"洗车同意"表示灯亮后,排列洗车进路。

列车进入洗车机后不得后退。特殊情况需后退时,须经车厂值班员同意。车厂值班员应征得厂调和洗车机控制室值班人员同意及确认后退进路安全,方可同意司机后退。

下面具体介绍下列车全洗作业过程和列车侧洗作业过程。

1)列车全洗作业过程

(1)将列车停在规定位置(对应洗车机两侧立柱均有黄色反光标识),清洗列车头部。当列车停稳后,洗车臂在工作未收回时,严禁动车。

(2)清洗列车头部结束后,根据第二块洗车机信息显示板的指示(显示 proceed),驾驶列车继续前行。

(3)接近洗列车尾部位置时,对标停车(对右侧立柱"后端洗停车位置"),等待洗车机清洗列车尾部,待第三块洗车机信息显示板的指示(显示 proceed),起动列车前行,待列车尾部完成越过洗车机后,恢复正常速度运行。

2)列车侧洗作业过程

列车运行至洗车库前一度停车,司机确认洗车机信号后以洗车模式限速 3km/h 洗车。

以 3km/h 速度通过洗车区域,待列车尾部洗车完成,越过洗车机后,恢复正常速度运行。

6.2.3 回库洗车作业程序

(1)正线列车在从转换轨 1 或转换轨 3 回库时,必须在 JD3 或 JD5 信号机前一度停车,转换车载台到"车辆段"模式后和信号楼联系列车停车股道。

(2)在得知信号楼洗车作业通知后,司机按规定复诵后,凭 JD3 或 JD5 开放的"白灯"信号动车,严格遵守车场内的限制速度,确认信号、岔道位置。

(3)运行至平交道口前一度停车,然后限速 5km/h 运行至信号机前一度停车,等待洗车库工作人员送上 400MHz 手持台。

(4)收到手持台指令后,司机与洗车库工作人员联系,在得到洗车库工作人员的"可以进洗车库作业"指令后,确认洗车库门前的洗车机设备信号显示绿灯后(红灯必须停车),将列车驾驶模式转至"WM"位,限速 3km/h 运行。

(5)运行加强瞭望,严格按照《洗车作业操作规定》相关规定执行。

(6)洗车作业完毕后(与洗车作业人员联系确认),司机完成列车换端作业,并与信号楼联系(表达术语为"信号楼有没有,××道列车洗车作业完毕")。

(7)严格执行"问路式"调车,根据信号楼口头命令,并确认 D63 信号开放后动车,严格遵守出入洗车库限速 3km/h 规定,在平交道口前一度停车。

(8)列车尾部过 D7 信号机后,司机完成换端作业,与信号楼联系回库作业。

6.2.4　库内转线作业要求

进行库内转线作业,须满足以下 7 个条件:

(1)有洗车作业需求。

(2)司机带好行车备品(400MHz 电台,钥匙等)。

(3)做好"四确认",根据《列车检查作业标准》相关规定检查列车。

(4)检查作业完毕后,与信号楼取得联系。

(5)洗车作业路线为:车库(1 列检库或月休库)D7 信号机→洗车库→D7 信号机→车库(列检库或月休库)。

(6)动车到 D7 信号机时,列车头部不得越过接触网终点标,当列车尾部通过 D7 信号机后才能进行换端作业。

(7)作业过程必须严格执行"问路式"调车的规定以及《洗车库作业规定》相关规定。

6.2.5　列车入洗车库洗车作业规定

(1)列车清洗区行车信号布置如图 6-5 所示。

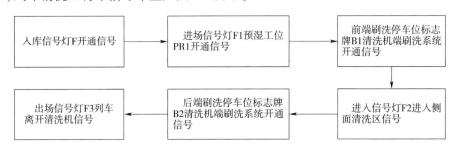

图 6-5　列车清洗区行车信号布置

(2)司机须注意的事项。

①注意各行车信号灯的显示,不得冒进锁闭区。

②停车刷洗前端面时,前车头司机室挡风玻璃垂直中心线停在 B1 处停车位标志牌 ±0.5m 区域内。刷洗后端面时,后车头司机室挡风玻璃垂直中心线停在 B2 处停车位标志牌 ±0.5m 区域内。

③行车清洗速度应保持在 3~4km/h,必须采用洗车模式,如速度低于 1km/h 或高于 5km/h 时,须及时调整车速。

④行车时,司机应打开通话器,随时与操作人员联系或听取操作人员的指令;当无法与操作人员联系时,严禁动车。

⑤司机在清洗区发现任何危害行车及清洗工作故障时,应立即停车,并向操作人员报告。

⑥注意观察端洗机构端刷是否停在端洗机构预定位置,端洗机构内有无风、水、电、线侵入车辆限界内。

⑦洗车库内接触网是不带电的,故列车在洗车时受电弓可能处在无电区内,并且 DDU (司机显示单元)显示 2 个或 4 个牵引故障,此时推牵引无位移。此时,司机需把受电弓落下再升起,一般故障会消失。

实训任务一 手信号的表达

1）实训目标

(1) 能够说出手信号含义和类型；

(2) 会用标准的动作表达昼间和夜间不同调车手信号；

(3) 能够用标准动作用徒手信号表达不同调车信号；

(4) 能够在不同时机用不同的鸣示方式表达不同的信号。

2）工具与器材

信号旗、信号灯、列车。

3）实训步骤

(1) 四人一组，带好信号旗和信号灯。

(2) 在列车前根据不同的调车要求，能在昼间和夜间使用不同的手信号表达。

(3) 进入列车，根据不同的工作项目正确鸣笛。

4）考核与评价标准

本任务考核与评价标准见表6-5。

手信号的表达任务考核与评价标准 表6-5

任务一：手信号的表达			
任务说明	教师考核组长所属一组，组长对组员考核		
班级		姓名	
学习小组		考核时间	
考核项目	考核标准	分值	得分
说出手信号含义和类型	能够说对	10	
表达昼间不同调车手信号	表达正确	20	
表达夜间不同调车手信号	表达正确	20	
徒手信号表达不同调车信号	表达正确	25	
不同时机用不同鸣笛方式表达不同信号	表达正确	25	
指导教师意见：			
任务完成人签字：		日期：　年　月　日	
指导教师签字：		日期：　年　月　日	

实训任务二　车辆段内调车作业

1）实训目标
(1) 能够说出车辆段内调车作业基本规定和注意事项；
(2) 会用标准程序进行车辆段内调车作业。
2）工具与器材
调车作业单、信号楼、调车进路、列车、行车备品。
3）实训步骤
(1) 四人一组，带好调车作业单和行车备品。
(2) 严格按照车辆段内调车作业流程进行调车。
4）考核与评价标准
本任务考核与评价标准见表6-6。

车辆段内调车作业任务考核与评价标准　　　　　　　表6-6

任务二：车辆段内调车作业				
任务说明	教师考核组长所属一组，组长对组员考核			
班级		姓名		
学习小组		考核时间		
考核内容	考核标准		分值	得分
说出车辆段内调车作业基本规定	正确说出		20	
说出调车作业注意事项	能够正确说出		20	
用标准程序进行车辆段内调车作业	程序正确		60	
指导教师意见：				
任务完成人签字：			日期：　年　月　日	
指导教师签字：			日期：　年　月　日	

实训任务三　列车洗车

1）实训目标
(1) 能够说出洗车过程和其中注意事项；
(2) 能够按照规定进行列车回库洗车；
(3) 能够按照规定进行列车入洗车库洗车作业。
2）工具与器材
洗车库、列车、信号楼。

3）实训步骤

(1) 四人一组,带好行车备品,进行"四确认",对列车进行检查。

(2) 根据信号灯指示完成列车回库洗车和列车入洗车库洗车作业。

4）考核与评价标准

本任务考核与评价标准见表6-7。

列车洗车任务考核与评价标准　　　　　表6-7

任务三：列车洗车				
任务说明	教师按考核内容对学生逐一进行考核			
班级		姓名		
学习小组		考核时间		
考核内容	考核标准		分值	得分
能够说出洗车过程和其中注意事项	表述全面清楚		30	
能够按照规定进行列车回库洗车	操作正确		30	
能够按照规定进行列车入洗车库洗车作业	过程全面		40	
指导教师意见：				
任务完成人签字：		日期：	年 月	日
指导教师签字：		日期：	年 月	日

复习思考题

1. 调车的种类有哪些？
2. 调车工作的要求有哪些？
3. 在哪些情况下禁止调车？
4. 手持无线电话的使用及呼唤应答制度使用时机是什么？
5. 车辆段内调车作业的程序是什么？
6. 洗车模式有几种？
7. 简述列车全洗作业的过程。
8. 简述回库洗车作业的程序。
9. 简述库内转线作业要求。
10. 简述回库洗车作业程序。

单元 7　列车故障处理及操作

教学目标

1. 掌握车门系统主要故障的判断和应急处理方法；
2. 能够正确判断制动系统故障，并按规定进行故障时的应急处置；
3. 掌握辅助逆变器、蓄电池主要故障的判断和应急处理方法；
4. 能够正确判断主回路牵引系统故障，并按规定进行故障时的应急处置；
5. 掌握列车连挂解钩、司机室激活、主控钥匙故障的处理方法。

建议学时

10 学时

7.1　车门故障的处理

7.1.1　全列车车门无法打开或关闭

1）全列车门打不开

（1）故障现象。

当列车采用自动驾驶模式运行，门模式采用"AM"（自动开/手动关）模式时，进站停稳后，操纵台上的"门允许灯"不点亮，全列车所有客室车门均不打开。

手动将"门选"开关扳至站台侧，按下开门按钮，列车车门仍然没有反应。

（2）原因分析。

电气控制系统发生故障是导致全列车门打不开的主要原因。电气控制系统故障主要是由车门控制指令故障及电器元件故障引起。

电器元件故障主要表现为继电器卡滞、烧损，行程开关内部弹簧老化、触头接触不良，车门电机故障，门控器故障，车门状态指示灯故障等。车门电机故障主要表现为车门不动作或动作后突停。门控器故障将导致车门部分功能缺失或开关门故障。

正常情况下列车开门时，必须同时满足四个条件：

①车载信号系统向门控器提供门使能信号；

②列车控制系统向门控器提供开门指令信号,开门指令由控制系统自动发出或司机操纵按钮发出;

③列车的零速信号,列车必须在静止状态下,门控器才响应开门指令;

④无车门解锁、切除信号。

上述条件同时满足时,门控器才能控制车门驱动电机旋转,并通过传动机构带动左、右门板打开。上述条件中任一条件不满足时,即使司机按下开门按钮,车门也不会动作打开。列车开门信号控制电路如图7-1所示。

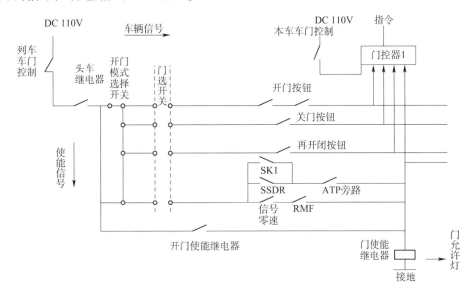

图7-1 开门信号控制电路

门使能信号是指开门条件具备时,列车通过车载信号系统的逻辑运算,产生允许列车(左/右)门开启的信号。门使能信号发出时,通过门使能继电器点亮"门允许"灯,并直接反馈给司机,门使能信号是指示司机能否进行开关门操作的信号。

门使能信号发出的条件为:

①控制电路DC 110V电源正常;

②信号系统车载ATP状态正常;

③列车安全停稳;

④列车停在规定位置。

上述条件同时满足时,门使能信号才能发出,否则便没有使能信号发出。即使司机按压开门按钮,车门也不会打开。

如果列车未对准停车标停在规定位置,则需要司机二次起动,手动驾驶列车重新对标停稳。如果控制电路电源断路,司机需要检查并闭合相应断路器。如果信号系统车载ATP故障导致"门允许"灯不亮,则需要切除ATP,ATP切除开关仅在主控钥匙激活端操作有效。

切除车载ATP后,控制"门允许"灯的是列车的零速信号,即零速继电器(1km/h继电器)得电吸合。若该继电器因故不能吸合,在切除车载ATP的基础上,还需要使用"零速旁路"按钮,通过短接电路的方式绕开故障继电器。

（3）故障应急处理。

操纵台"门允许"灯不亮,发生全列车客室门打不开故障的主要原因是没有门使能信号所导致。此时,司机进行应急处理时应做到：

①检查信号显示屏显示停车位置是否正确；若无停车位置显示,可向前点动列车。

②检查列车门保险是否跳开；若跳开,将其闭合。

③检查门允许灯是否点亮。若仍不亮,按"门允许"按钮查看是否点亮；若无效,将驾驶模式降至限制人工驾驶模式,司机控制器主手柄置于"紧急"位,门选向开关扳至站台侧,门模式开关至"手动"位。

④观察门允许灯是否点亮。若点亮,进行开门作业；若仍不亮,与行车调度员联系,申请将驾驶模式降至非限制人工驾驶模式（非限位,即切除车载 ATP）。

⑤检查门允许灯是否点亮。若仍不亮,将"零速旁路"开关扳至"旁路"位试验,直至听到零速旁路蜂鸣器响（根据车型不同,有些列车此处为短接开门使能开关,应听到开门旁路蜂鸣器响）。

⑥检查门允许灯是否点亮。按开门按钮进行开门试验（可分别试验操纵台上和侧墙上的开门按钮）,若仍不能打开,更换到尾端司机室进行试验。

⑦以上检查均完成后,若仍不能打开车门,视情况使用车内或车外紧急解锁装置,手动打开车门,并与行车调度员联系,申请立即清人掉线。

若全列车门无法打开的故障出现在"门允许灯"点亮之后,则可能有如下原因导致：

①门选向故障；

②开门按钮故障；

③连接开门按钮或门选向的线路故障。

故障处理按照如下流程进行：

①检查开门模式选择开关,将其扳至"手动"模式。

②检查门选向开关的位置,确认打至站台侧,反复扳动试验。

③检查开门按钮,确认开门按钮操作正确,反复按动几次,或使用侧屏开门按钮进行试验。

④更换操作台重复上述步骤进行试验。若尾端操纵台能打开车门,联系行车调度员清人掉线。

⑤若尾端操纵台不能打开车门,与行车调度员联系,申请立即清人掉线,并利用紧急解锁装置打开客室车门,从站台清客。

（4）注意事项及要点总结。

全列车门打不开的故障严重影响地铁线路正常运营秩序。司机在进行手动开门作业的同时,务必向乘客说明有关故障的处理情况。若在早、晚高峰期间出现此类故障,不仅影响本线的运营,对整个轨道交通网络的运营也将产生不可估量的影响。因此必须掌握一定的方法,快速进行处理。

①仔细观察故障现象。与车门相关的信息指示有很多,如表示车载 ATP 状态的信号显示屏、表示列车停靠位置的对位图标、表示列车门使能信息或零速信息是否给出的"门允许"灯、表示开门方向的"门选向"开关、表示车门控制电路电源的 DC 110V 电压表、表示操作按

钮电源的 DC 24V 电压表、表示车门控制电源是否闭合的保险开关等。

②快速准确判断故障原因。若发现"门允许"灯不亮,就要想到列车是否对标停车、车载 ATP 是否故障,然后进一步观察信号显示屏的显示,如发现异常果断申请切除 ATP 试验开门。排除车载 ATP 的原因后,要进一步查看车辆继电器、开关是否故障,通过观察电源控制开关或 DC 24V 电压表等,来判断控制电源是否出现故障。

③果断正确处置。能直接判断故障原因时,可以操作响应的开关予以处理;不能直接判断故障原因时,就需要通过试验来恢复故障。例如:在"门允许"灯故障的情况下,难以直接判断故障点,要先试验手动模式开门;"门选向"开关故障时,无法直接判断,要试扳几次再开门;"开门"按钮故障时,可以试验另一对侧墙按钮;车辆零速继电器故障,不能看出现象,只能通过短接零速旁路的方式进行试验。

另外,每列车都有两个司机室,这两个司机室的功能是相同的。在前端司机室无法开启车门时,可以选择至尾端司机室操作。当无法找出故障、不能开启车门时,最终可以使用机械方法,直接操作紧急解锁装置开启车门。

处理完车门故障后,务必恢复"门选向"开关、各种旁路开关、保险开关等部件,否则会影响列车的牵引运行。

2)全列车门关不上

(1)故障现象。

关门作业时,司机按下"关门"按钮后,全列车门无动作,列车监控显示屏相应侧车门仍然显示开启,开门灯亮、门关好灯不亮。

(2)原因分析。

从车门控制电路中可以看到,手动关左门的过程为:

DC 110V 电源→220 线→车门控制保险开关 QF17→头继电器 KSHR4→321 线→门模式选择开关 SC2 在"手动"位→328 线→门选向开关在"L"位→304 线→关门按钮 SBCL1 或 SBCL2→314a 线→ATC 旁路继电器 ATCBPR3 失电闭合或 RMSR1 闭合→314 线:关左门指令。

手动关右门的过程为:

DC 110V 电源→220 线→车门控制保险开关 QF17→头继电器 KSHR4→321 线→门模式选择开关 SC2 在"手动"位→328 线→门选向开关在"R"位→303 线→关门按钮 SBCR1 或 SBCR2→313a 线→ATC 旁路继电器 ATCBPR3 失电闭合或 RMSR1 闭合→313 线:关右门指令。

由以上线路原理可知,影响列车关门作用的开关或部件有:DC 110V 控制电源、车门控制保险、"门模式选择"开关、"门选向"开关、关门按钮、连接线等。因此,当发生全列车门关不上的故障时,可以首先从以上开关和部件中查找原因。

(3)故障应急处理。

①检查门模式选择开关;确认扳至"手动(MM)"位。

②检查门选向开关的位置;确认打至站台侧,反复扳动试验。

③检查关门按钮;确认关门按钮操作正确,反复按动几次(可先后试验操纵台上和侧墙上的按钮)。

④仍关不上门时,更换操作台重复上述步骤进行试验。当能关门后,与行车调度员联系,立即清人掉线;若更换操纵台仍不能关门,与行车调度员联系立即清人掉线,手动关门。

(4)注意事项及要点总结。

在处理中,注意首先将"门模式选择"开关置于"手动(MM)"位,这时才能使用关门按钮进行关门作业。门模式选择开关是选择列车车门自动操作或手动操作的部件。当司机选择"自动(AA)"模式时,列车门由车载信号系统控制,不需要人工干预。如果车载信号系统故障,则不能自动完成关门作业。

在开门状态下闭合车门控制保险开关时,车门会自动关闭,但无防挤压功能,同时列车门开好灯常亮。在执行此项操作时,要密切注意乘客乘降情况,并通过广播进行提示,防止夹人。

更换操纵台时,注意先将操纵端的驾驶台置于未激活状态,然后拔出钥匙,以免两边的司机室发生抢头(同时激活)的情况。

对于有屏蔽门的站台来说,列车车门的打不开或关不上可能会影响屏蔽门的开关,这时司机需要通过操纵屏蔽门的 PSL 来手动打开或关闭屏蔽门。

7.1.2　个别车门打不开或关不上

1)个别车门打不开

(1)故障现象。

司机在站台进行开门作业时,发现有一节车辆的门不动作,从操纵台上的监控显示屏看到,这节车辆车门光带的颜色显示与其他车门不同。

(2)原因分析。

车门的开门动作需要三个条件:①零速信号;②门使能信号;③开门指令。当这三个条件都满足时,门控器才操纵车门驱动电机旋转,并通过传动机构带动左、右门板打开。车门机械系统、电气系统门控器、门驱动电机、车门行程开关等部件发生故障时会造成个别车门动作异常。

(3)故障应急处理。

①检查开、关门按钮;反复按动开、关门按钮1~2次,可更换使用侧墙上的开门按钮。

②检查故障车控制柜内的本车门保险;跳开后将其闭合试验。

③若本车门保险连续跳开闭合不上;与行车调度员联系,按其指示办理。

(4)注意事项及要点总结。

单节车门打不开时,注意广播通知故障车内乘客利用其他车厢车门下车。当客流较大时,应快速使用紧急解锁装置开启相应车门。

单节车门打不开具有偶发性,需要司机在进行开关门作业时注意观察列车监控显示屏的门光带显示及开关门指示灯显示,以免出现故障而未能及时发现,影响乘客出行,造成负面影响。

2)个别车门关不上

(1)故障现象。

个别车门关不上,列车监控显示屏的门光带显示故障门非正常色,同时操纵台上的开门灯亮。

(2)原因分析。

导致单个车门关不上的原因可能是电气原因,也可能是机械原因。电气原因包括列车监控显示屏显示不正确、门控器故障、门驱动电机故障、接线不良等;机械原因有门板异常、门滑动装置卡滞等。当出现防挤压动作时,很多是由于门板运行受到阻碍,如书包带进入侧墙、纽扣落入滑槽等。

根据故障现象,可以判断故障可能为:

①门控器发生故障;

②驱动电机发生故障;

③车门导轨下有异物(如乘客丢弃的杂物)造成卡滞;

④车门夹物,防挤压功能启动;

⑤车门齿带断开,无法进行关闭;

⑥由于乘客过多拥挤造成车门门扇变形;

⑦车门运行部件故障。

(3)故障应急处理。

①再次进行关门试验,反复按动关门按钮或"再开闭"按钮1~2次。

②将司机控制器主手柄置于制动级位,通过列车监控显示屏找到故障车门,携带相关工具到达该车厢。

③确认车门下导轨有无异物卡住。

④如车门仍不动作,用钥匙将门端盖打开,断开门控器电源保险。

⑤操作紧急解锁开关手动关门。

⑥操作隔离锁将故障车门隔离。

⑦恢复门控器保险,将门端盖关闭,并进行一次试拉,确认门端盖锁闭。

⑧确认门故障灯点亮,挂好门故障帘。

⑨若手动关门后门扇间距仍大于100mm,应与行车调度员联系,按其指示办理,并做好故障车门的防护。

(4)注意事项及要点总结。

如果有一个门不能正常工作,就可以通过隔离锁来把关门联锁电路接通。

在从司机室前往故障门所在车厢时,司机应关好司机室侧门,从站台快速到达车厢,在此过程中与行车调度员联系,这样可以节约处理故障的时间。在故障处理的过程中,务必携带手持电台及播放广播,避免行车调度员呼叫时无人应答和乘客投诉。

若确认车门下有异物卡住,在清除异物时要沿着导轨槽往两扇门中间密封条位置移动,以免异物进入门扇两侧车体内,造成车门卡死。

闭合门控器保险时,不宜反复多次闭合。门控器保险对电路施行过载保护,如果跳开后多次强行闭合,很可能烧损电子元件。

手动强行关门时,要断开门控器保险,避免电机反向施加力而影响关门。

手动关门后,要注意将车门电气隔离。如果由于机械卡滞的原因无法进行隔离,行车前需要短接"门旁路"按钮。

门扇间距大于100mm时,影响乘客安全和行车安全,需要通知行车调度员,视情况立即清人掉线。

7.1.3 门灯显示故障

单节车侧墙门灯点亮的条件是:该节车所有客室车门中有一个未关闭到位,或者任何一个车门开启。单节车门开门指示灯电气原理图如图7-2所示。

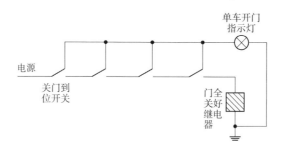

图7-2 单节车门开门指示灯电气原理图

(1)故障现象。

列车到站关门,单节车侧墙门灯不亮,但是通过观察发现该节车门已经开启。

(2)故障应急处理。

①列车对标停车,操纵台门允许灯不亮;按下"试灯"按钮,检查门允许灯是否故障;若门允许灯未故障,按照全列车门打不开的办法处理。

②列车开门后,操纵台开门灯不亮。按下试灯按钮,检查开门灯是否故障。

③若开门灯故障,则通过列车监控显示屏上的车门光带仔细确认所有车门开启到位。

④列车关门后,操纵台关门灯不亮;按下试灯按钮,检查关门灯是否故障;若关门灯未故障,则重新开关一次车门。

⑤若关门灯故障,则通过列车监控显示屏上的门光带仔细确认所有车门关闭到位。向行车调度员申请终点站掉线。

⑥列车开门后,车外侧壁门灯不亮检查该节车车门是否开启到位,若都开启到位,则关门时通过列车监控显示屏仔细确认所有车门关闭到位。

(3)注意事项及要点总结。

门灯故障的概率较小,但其故障发生时,会影响司机操作判断。例如:门允许灯故障会影响司机对能否开门的判断,开门灯故障会影响司机对车门是否开启的判断,关门灯故障会影响司机对全列车门是否关闭到位的判断。但在上述情况下,司机都可以通过列车监控显示屏、信号显示屏或其他辅助手段来判断列车的状态。

仅仅是门灯故障不会影响到列车的正常操作,司机依然可能开关车门、牵引列车。

7.1.4 DDU无车门故障显示,关门灯不亮

(1)故障现象。

全列车车门关闭后,门关好灯不亮,DDU无任何异常显示。

(2)故障应急处理。

①进行灯测试,如灯不亮,继续运营。

②如灯测试正常,再次开关门。
③检查另一端司机室设备柜内 CLCB_A、CLCB_B,如落下,重新合上。
④采用"关门旁路"开关(DBPS),以 ATP 手动模式运行至终点退出运营。
(3)行车组织形式。
清客,切除 ATP,采用"制动旁路"开关(BBS),手动驾驶退出运营。

7.2 制动故障的处理

7.2.1 受电弓落下,全列车紧急制动无法缓解

(1)故障现象。
司机控制器主手柄置于"惰行"位时,监控显示器显示列车施加紧急制动,双针压力表的制动压力指针指示紧急制动压力。
(2)原因分析。
城市轨道交通车辆采用"故障导向安全"原则进行系统设计,在下列任何一种情况下,列车都将施加紧急制动:
①列车车载 ATP 系统因超速、后溜超过 5m、进入错误运行区间、系统故障等原因发出紧急制动指令。
②非 AM 模式下,司机释放主控手柄警惕按钮时间过长。
③列车运行时,方向手柄拉到"0"位。
④主风缸压力不足,低于紧急极限。
⑤操纵台紧急制动按钮被按下。
⑥DC 110V 控制电源系统供电中断。
⑦紧急制动电气列车线环路中断或失电(紧急环路硬线中断)。
⑧列车丢失完整性(列车分离)。
⑨如果两端司机室同时被激活,列车将施加紧急制动,并禁止牵引。
(3)故障应急处理。
①确认司机室内各相关开关和按钮位置是否正常。若不正常,进行恢复,包括各开关和按钮、司机控制器主手柄、方向选择开关、头尾开关(若有的话)、紧急制动按钮等。
②检查双针压力表指示的总风缸压力是否正常。若不正常,等待总风缸压力上升至规定值后,重新建立安全回路查看能否缓解。
③检查车载信号系统是否正常。将驾驶模式选为"非限位",切除 ATP 进行试验,重新建立安全回路查看能否缓解。
④检查制动控制保险和紧急制动控制保险是否跳开。若跳开,将其闭合。
⑤短接紧急制动短路开关进行试验。若缓解,列车限速 30km/h 运行,并退出运营;若不缓解,断开蓄电池再闭合,按"复位"按钮。
⑥到尾端司机室进行检查和试验(相关项目同上);若短接尾车紧急制动短路开关后紧急制动缓解,列车可推进运行;若不缓解,请求救援。

⑦检查救援列车联挂妥当。将列车各台车强迫缓解塞门全部切除,列车制动解除。

(4)注意事项及要点总结。

为尽快处理故障,列车在发生紧急制动不缓解后,司机要利用排除法,优先排除有表象的故障项,并且能根据当时列车运行状态决定检查顺序。

在正常操作列车运行的过程中,应认真观察双针压力表显示,发现问题及早采取措施。当总风缸压力降低时,可以强制使空气压缩机打风进行试验,若总风缸压力依旧持续下降或无法恢复到正常值,应检查列车是否有风压泄漏的故障,及时进行处理。

若按压强制泵风按钮、待总风缸压力达到规定值后故障解除,说明是由总风缸压力不足造成的列车紧急制动不缓解。

若将车载 ATP 切除后紧急制动可以缓解,可以判断为是车载 ATP 故障导致的。

若短接紧急制动短路开关后列车紧急制动全部缓解,说明是列车电路上的故障引起的紧急制动不缓解。

故障发生后,若前部司机室检查无异常,司机应及时与行车调度员联系,(派副司机)携带相关钥匙及备品到尾车司机室,进行尾车司机室的检查。

7.2.2 全列车常用制动无法缓解

(1)故障现象。

司机无法进行牵引操作,监控显示器显示列车制动缸压力不缓解,双针压力表的制动压力指针指示有常用制动压力。

(2)原因分析。

根据制动控制系统工作原理,导致常用制动不缓解的可能原因有:

①车载 ATP 设备故障。

②司机控制器主手柄位置不正确或故障(包括警惕开关故障)。

③门选向开关未回"0"或故障。

④客室车门未处于关门状态(包括车门本身未关好或列车门关好继电器故障)。

⑤牵引电流未输出(可能原因可参见"列车牵引无流"故障)。

⑥总风缸压力不正常(包括总风缸压力继电器故障)。

⑦制动缸压力不正常(包括制动缸压力继电器故障)。

⑧列车缓解不良。

⑨列车风源系统故障。

⑩制动控制断路器断开。

(3)故障应急处理。

①确认司机室内各相关开关和按钮、保险开关位置是否正常;若不正常,进行恢复,包括各开关和按钮、司机控制器主手柄、方向选择开关、紧急制动按钮、制动控制保险等(注意回送制动保险应断开)。

②检查门选向开关是否在"0"位。若不正确,扳至正确位置。

③检查总风缸压力是否正常,若不正常,等待总风缸压力上升至规定值后,查看能否缓解。

④通过门全关好指示灯和列车监控显示屏检查客室车门是否全部关闭。若有车门未关好,处理车门故障。

⑤检查是否是由车载 ATP 设备引起的常用制动。若是,则切除 ATP 进行缓解操作。

⑥检查常用制动是否缓解。若不缓解,按下"强迫缓解"按钮。

⑦检查常用制动是否缓解。若不缓解,换头操作试验。

⑧检查故障是否排除。若仍不缓解,断开各车辆制动电源保险。

⑨通过各车辆的风压表检查是否缓解。若缓解,就近清客、掉线入库;若不缓解,利用强缓塞门对各车辆进行制动的缓解。

(4)注意事项及要点总结。

单车制动不缓解的故障也可以用"强迫缓解"按钮、断开故障车制动电源保险、关断故障车强缓塞门等方法来解决。

"强迫缓解"按钮只对故障车起作用,此时列车无常用制动、无防滑,只有紧急制动,运行时应注意列车的制动距离,降低车速,绝不可超速运行,同时防止擦轮。而列车紧急环线一旦失电将不能重新建立,运行时要谨慎使用紧急制动按钮。

断开故障车制动电源保险后,司机控制器主手柄必须置于常用制动位(B1~B7),通过观察故障车风压表的显示确认制动是否解除(断开制动电源保险只能解除常用制动)。

若断开制动电源保险后常用制动仍不能解除,可到故障车下断开强迫缓解塞门,但不能通过关断两个防滑阀塞门进行解除,因为由此可能引发牵引无流的故障。

此外,在常用制动不解除的处理过程中,也可以尝试按下"停放制动缓解"按钮进行试验。

7.2.3 停放制动无法解除

(1)故障现象。

司机按"停放制动缓解"按钮无法解除停放制动,列车监控显示屏上显示停放制动仍在"施加"状态,其他开关和按钮位置均无异常。

(2)原因分析。

停放制动是采用弹簧储能施加制动力的一种制动方式,施加单元位于转向架上,每根轴安装两套单元制动夹钳,其中一套具有停放制动功能,为对角布置,满足列车在最大超员情况下,停放在最大坡道上不溜车的要求。停放制动夹钳具有手动缓解的功能如图 7-3 所示。

停放制动的解除可以通过司机室内的"停放制动施加"按钮操作,也可以在车下人工操作。方法是将插在弹簧盘矩形齿轮内的定位销用专门工具拔出,使弹簧组件可自由转动并伸长,带动螺杆旋转并将螺套向右移动。螺套的右移使杠杆顺时针转动,推动常用制动缸活塞杆向左移动,这时常用制动的活塞复位弹簧及吊杆扭簧也共同发挥作用,使两杠杆都对主制动杆产生向右移动的力,停放制动得到释放。

根据停放制动的施加与缓解原理可知,总风压力不足是导致停放制动无法解除的主要原因;其次,停放制动控制装置作用不良也是产生此故障的原因之一;此外,停放制动施加单元机械故障也会导致停放制动无法解除。

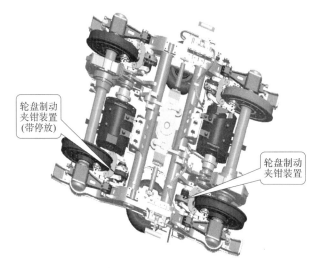

图 7-3　停放制动夹钳

（3）故障应急处理。

①检查总风缸压力是否低于 450kPa；若是，待总风缸压力上升至 550~600kPa 后观察列车制动是否解除。

②检查"停放制动施加"按钮和"停放制动缓解"按钮作用是否良好，位置是否正常。可先按动停放制动施加按钮后，再按动停放制动缓解按钮。

③检查停放制动解除情况；若仍不能解除或总风压力无法达到规定值时，到车下手动切除停放制动塞门，利用停放制动手动缓解装置缓解全列车停放制动，同时切除强缓塞门、拉开停放手动拉环。

（4）注意事项及要点总结。

在制动不缓解的故障处理中，总风缸压力无法达到规定值的情况有可能是由总风管路泄漏引起的。若在正线上由于总风泄漏严重导致发生停放制动不缓解，在处理操纵单元车总风管路漏泄时要求判断准确、处理方法得当。

如列车停在车站需要救援时，司机应先申请救援，再迅速做好待援准备，这样能节省救援时间，减少对正线运营的影响。若列车停在区间，处理前应通过广播向乘客进行信息播报。下车查找故障点或处理故障前及时报告行车调度员，携带手电手持电台、司机室钥匙等工具，必要时申请接触轨断电，注意自身安全。做好防溜措施，打上止轮器。

7.3　辅助回路故障的处理

7.3.1　辅助逆变器故障

辅助逆变器（SIV，static inverter）也称静止逆变器，每辆列车底架安装 1 台辅助逆变器，辅助逆变器采用强迫风冷方式。列车在正常运行状态时，由两台辅助逆变器为整列车提供电能，每台辅助逆变器只对其所在单元供电。其中一台故障时，另一台辅助逆变器通过扩展供电装置向全列车的负载供电，此时空调机组自动减载运行（制冷能力减半），保证列车正常运行。

SIV故障一般是由控制电路故障、控制电源开关跳闸、继电器故障等导致。一般情况下，ATI显示SIV发生轻微故障多是由于逻辑控制单元受到环境等因素干扰引起的偶发故障，通过专用的复位按钮或重启电源即可恢复。应急处理时，需要检查SIV控制电源的相关开关以及继电器电路，并通过ATI屏查看故障代码、故障描述等相关信息，缩小故障查找范围。

1) 单台辅助逆变器不启动

(1) 故障现象。

列车监控显示屏显示1台SIV故障停止工作，无AC 380V输出，列车进行扩展供电。

(2) 故障应急处理。

检查司机室控制柜SIV控制断路器SIVN是否跳闸，若跳闸则重新闭合。SIVN未跳闸或闭合无效时，按压操纵台"VVVF/SIV复位"按钮，若故障消除，继续运营；如果故障未消除，维持运行，到终点站退出服务。

在处理SIV故障的过程中，司机应当密切关注压力表显示和空气压缩机的状态。主风压力低于0.7MPa时，主空气压缩机应当启动泵风，如果发现未及时启动，司机应立即进行强制泵风。

(3) 注意事项及要点总结。

单台SIV的故障一般是由控制电路故障，或者控制电源开关跳闸、继电器故障等导致，司机应首先检查SIV控制电源的相关开关和继电器的电路。

SIV的运行状态由TCMS（列车控制管理系统）进行监控，当SIV出现故障时，列车监控显示屏会主动弹出故障提示，以便司机及时发现故障并进行应急处理。

当一台SIV故障时，列车仍能够通过扩展供电为全列车提供必要的电能，此时故障车的空调将减载运行，进入应急通风的状态，故障车的照明减载，进入应急照明状态。

一台SIV无AC 380V输出，会影响到该SIV负责的空压机的运转。列车有两台空气压缩机来提供制动系统所需要的风源，两台空气压缩机按照单双日期交替工作。主空气压缩机工作时，辅助空气压缩机处于备机状态。

在处理SIV故障的过程中，司机应当密切关注风压表显示和空气压缩机的状态。当主风压力低于750kPa时，主空气压缩机应当启动泵风，如果发现未及时启动，司机需要立即进行强制泵风。出现SIV故障致使一台空气压缩机不能工作时，需要立即向行车调度员申请掉线，回段过程中时刻观察风压变化情况。

2) 两台辅助逆变器不启动

(1) 故障现象。

ATI屏显示两台SIV停止工作，无AC 380V电压输出，客室紧急照明启动。

(2) 故障应急处理。

检查ATI屏、网压显示是否正常，确认列车是否在无供电区域。若网压正常，确认司机室控制柜内SIV控制断路器SIVN在闭合状态，未闭合时重新闭合。按压操纵台"VVVF/SIV复位"按钮，若复位后故障消除，继续运营。

若SIV仍未正常工作，断开SIV控制断路器SIVN，5s后重新闭合。故障消除后，运营到终点站后退出服务；若仍无效，报告行车调度员请求救援。

运行过程中出现两台 SIV 故障时,如风压满足运行要求,应尽量维持运行,待进站后停车处理。两台 SIV 故障停机后,列车蓄电池将开始工作。司机应当及时进行人工广播稳定乘客情绪,并关注应急照明、应急通风和广播的运转状态。

(3)注意事项及要点总结。

日常辅助电源系统的检查要点有:

①检查辅助电源装置箱体外部有无损伤,检查固定螺栓有无松动现象,连接有无破损、防水装置是否良好。

②检查辅助逆变器控制逻辑部安装牢固、接线无松动、各板卡插线良好,光缆无压折。

③检查接触器灭弧罩的安装状态是否正常,内部应无烧损突起物,主触点接触面无烧蚀。

④检查温度传感器安装状态是否正常,检查蓄电池控制接触器、扩展供电接触器接线及外观是否良好。

⑤检查功率单元的散热片表面清洁。

出库前司机进行送电后的动态试车时,要特别关注 SIV 的运转情况,发现故障或异常要及时报修,尽量将隐患留在库内。

段内运行车速低,断电区较多,运行过程中要特别注意风压表显示和空气压缩机的运转状态。

列车运行中,要时常翻看列车监控显示屏的辅助电源界面,出现 SIV 输出异常时,要及时申请掉线,就近入库,避免故障扩大,影响全线的运营秩序。司机发现 SIV 异常后,申请掉线并将列车维持运行到库线,是正确的做法。

在正线运营时出现单台 SIV 故障不工作后,列车的扩展供电装置启动,空调系统减载运行,司机应小心安全驾驶列车,维持到终点站退出运营。而两台 SIV 因故障均不工作时,会严重影响列车正常工作,如果司机处理未果,必须申请行车调度员在车站清客、立即掉线。

两台 SIV 停机后,列车蓄电池开始工作,此时,司机应当关注应急照明、应急通风和广播的运转状态,及时进行人工广播稳定乘客情绪。通知行车调度员,等待救援或者按照行车调度员的指示疏散乘客。

7.3.2　DDU 显示触网电压为 0,列车无牵引力

(1)故障现象。

司机室 DDU 显示触网电压为 0,并无牵引力。

(2)故障应急处理。

司机应在触网断电后的 1min 内,立即停车,待电压恢复后继续运营。若出现列车牵引系统被封闭,则重新起动列车并确认受电弓在升弓位置。

7.3.3　蓄电池故障

在列车起动、线网没有电压或辅助逆变器故障等情况下,列车将自动切换至紧急运行状态,列车辅助供电由蓄电池提供。紧急工况下,蓄电池能够为列车客室紧急照明、紧急通风

(无空调)、头尾灯、广播通信及所有与安全有关的控制系统提供45min的紧急供电,并能保证列车正常开关车门至少一次。蓄电池消耗完毕后,各系统完全停机,列车停放制动施加。

城市轨道交通车辆蓄电池在实际应用中存在的问题较多,主要原因包括:因人为原因造成加液时渗漏、运营中因晃动等造成液体渗漏、单体电压存在不均衡现象、运用时间长蓄电池出现"爬碱"现象、单体蓄电池烧损、蓄电池极性接反、蓄电池温度传感器故障、蓄电池外壳因过热或撞击等出现变形破损等。

列车起动时,蓄电池通过"蓄电池合"(或"列车激活")按钮对列车供电,为列车提供激活所需电源。蓄电池电压低于限定值(一般为85V左右),不满足激活条件时,无法正常激活列车。

(1)故障现象。

蓄电池合不上,驾驶台上各指示灯熄灭,显示屏未点亮。

(2)故障应急处理。

①检查司机室设备柜内WULSCB(唤醒和睡眠回路断路器),如落下须重新合上。

②未落下或手动合不上,尝试在另一司机室按下列车控制按钮,接通蓄电池。

③检查蓄电池电压是否低于84V,如低于84V,则使用手动升弓及自举按钮起动列车。

(3)注意事项及要点总结。

在列车整备作业时,司机按蓄电池合按钮激活列车:

①若蓄电池电压表显示为0V,检查激活端Tc车蓄电池电压表断路器是否闭合,未闭合时重新闭合。如闭合但显示0V或闭合后又跳闸,通知车辆段调度员处理。

②若蓄电池电压表显示低于限定值时,通知车辆段调度员处理。如不能及时处理,司机应立即请求换车,并在状态卡上做好记录。

7.3.4 电源故障

(1)故障现象。

DDU显示两个单元的TC、M同时出现110V电源故障,且列车无其他故障现象,列车不限速。

(2)故障应急处理。

列车运行至终点退出运营。

(3)行车组织形式。

维持运行至终点后退出运营。

7.4 主回路故障的处理

7.4.1 牵引故障

1)全列车牵引无流

(1)故障现象。

司机控制器主控手柄置于牵引位,列车不能起动,ATI屏显小动车牵引电流为"0",列车保持制动不解除。

（2）原因分析。

①司机控制器制动控制断路器、牵引控制断路器跳闸；主手柄的位置不在牵引位。

②ATP系统故障，发出切除牵引指令。

③方向选择开关在"0"位，门选向开关SC3的位置不在"0"位。

④紧急制动环路断开，列车发生紧急制动；停放制动施加未解除；列车解除不良或不解除。

⑤列车门没有关好（即DIR1继电器触点断开）。

⑥列车的头尾关系不正确，如果两端司机室同时被激活，列车将施加紧急制动，并禁止牵引。

此外，接触网或接触轨的供电电流不正常也是造成牵引无流的重要因素。

（3）故障应急处理。

①通过网压表和监控显示屏检查接触轨或接触网电流是否正常。若网压显示不正常，与行车调度员联系，说明情况。

②检查司机控制器主手柄是否在牵引位（人工驾驶模式下）；将主手柄扳至牵引位试验，注意警惕开关的状态。

③检查门选向开关是否在"0"位；若不正确，扳至正确位置。

④检查门全关好指示灯是否点亮；若未点亮，确认车门是否全部关闭；是，闭合关门旁路开关（即"门关好旁路"）；若有车门未关好，处理车门故障。

⑤检查停放制动是否施加；若是，按"停放制动缓解"按钮；若无作用，将停放制动旁路开关扳至"旁路"位。

⑥检查列车是否缓解不良、带闸；尝试切除保持制动。若还带闸，按制动不缓解处理；无车带闸时，将缓解不良旁路开关扳至"旁路"位。

⑦检查牵引控制保险QF2是否跳开。如跳开，将其闭合。

⑧检查列车监控显示屏的牵引系统画面；主手柄置于"惰行"位或制动各级位，按复位按钮。

⑨检查牵引是否正常；切除ATP进行试验。

⑩断开蓄电池，重新起动列车进行试验；注意将列车各开关、手柄置于出库前的初始状态。

⑪检查牵引是否正常。若还不好，更换头尾车重复进行上述试验。

⑫检查牵引是否正常。若牵引有流，报告行车调度员，申请推进运行；若牵引无流，报告行车调度员，申请救援。

（4）注意事项及要点总结。

在逐步排查故障的过程中，每做完一项操作都应注意查看全部动车是否恢复牵引，这样才能判断出产生故障的可能原因：是车门没有关好、还是门电路故障，是停放制动施加、还是牵引控制保险断开，或其他原因等。

门选择旁路（DSBB）、门安全线旁路（DCBB）、制动不缓解旁路（BNBB）、停放制动旁路（PABB）四个旁路逐步尝试时，需恢复前一个旁路。

2）单车牵引无流

（1）故障现象。

司机控制器主手柄置于牵引 P1～P4 间任何级位,全列车中有一辆动车牵引逆变器显示故障或牵引电流为零。

（2）原因分析。

造成单车牵引无流的可能原因有很多,主要有：

①该动车牵引电动故障。

②该动车的牵引电路中元器件或线路故障。

③牵引逆变器故障,致使牵引控制单元不能正常工作。

④该车的停放制动不能缓解。

（3）故障应急处理。

①通过列车监控显示屏检查故障车的高速断路器 HB 运行是否正常；司机控制器主手柄在"惰行"位或"制动"位时,按"复位"按钮。

②检查故障车的停放制动是否施加；若列车监控显示屏显示该动车施加停放制动,则按下"停放制动缓解"按钮。

③检查故障车电气控制柜内的本车控制电源保险开关、牵引制动状态保险开关是否跳开；若跳开,将其闭合；若未跳开,可将其断开后再闭合,再按"复位"按钮。

④检查故障车是否恢复正常；若该动车连续发生故障,可以根据列车 TCMS 的提示进行切除,维持运行到终点站。

（4）注意事项及要点总结。

列车发生单车牵引无流时,起动速度较慢,司机应合理使用司机控制器主手柄进行操作。若列车发生多节动车牵引无流且不能恢复时,应及时将情况报告给行车调度员,并请求立即清人掉线或就近入库,避免故障扩大影响运营。

在列车运行过程中,若由于轻度故障导致牵引逆变器不能工作,司机可通过按压操纵台上的"复位"按钮,使牵引逆变器投入运行。对于牵引逆变器的严重故障,可以在车上断开牵引逆变器的 DC 110V 电源,3s 后再闭合,实现牵引逆变器的严重故障复位。

当产生严重故障必须进行单元切除操作时,若在"复位"操作之前进行单元切除操作,则该动车牵引控制单元输出高速断路器(HB)断开信号,切除故障车辆。

7.4.2 受电弓故障

1）整备作业时无法升弓

（1）故障现象。

司机按压受电弓升弓按钮,全列受电弓都未升起,网压表无网压显示。

（2）原因分析。

升弓作业时,当列车总风缸气压达到受电弓的额定工作气压时,操作者按下升弓按钮,压缩空气经升弓电磁阀、受电弓控制系统进入空气弹簧,空气弹簧膨胀推动钢丝绳带动下臂杆运动,下臂杆在拉杆的协助下托起上臂杆及弓头,弓头在平衡杆的作用下,在工作高度范围内始终保持水平状态,在规定的时间内平稳的升至网线高度,不对架空的接触网线产生有害的冲击,完成升弓过程。

降弓时,操作者按下降弓按钮,升弓电磁阀失电复位,停止压缩空气进入空气弹簧,并将空气弹簧中的压缩空气向大气,受电弓在重力作用和液压阻尼器的辅助作用下平稳地落到底架上的橡胶止挡上,完成整个降弓动作。整个降弓过程在规定的时间内完成,并且整个运动过程平稳,对底架和车顶无有害冲击。

总风压力不足、气路不畅,控制系统电压过低、电路元器件损坏,机械装置变形、卡位等原因均会引起受电弓不升弓或升弓不到位。

(3)故障应急处理。

检查主风缸压力是否足够(大于450kPa)。主风缸压力足够时,检查确认本端(激活端)司机室的受电弓控制断路器PANCN的状态,如断开则闭合,然后重新按压升弓按钮。依旧无法升弓时,检查确认两端司机室紧急制动按钮均未被按下,如按下则恢复,然后重新按压升弓按钮。故障依旧时,确认两个Mp车受电弓断路器PANCN在闭合位,如断开则闭合,同时确认两个Mp车受电弓气路截断塞门U07在开通位,如闭合则开通,然后重新按压升弓按钮。

(4)注意事项及要点总结。

ATI屏显示一个受电弓未升起时,司机应在车外侧进行确认。受电弓没有升起时,确认对应Mp车受电弓气路截断塞门U01在开通位、受电弓控制断路器在闭合位。不符时恢复,即可尝试升弓。如仍不能升弓,通知车辆段调度员处理。如果受电弓已升起,但ATI屏显示未升起,通知车辆段调度员处理。

在总风缸压力不足,但蓄电池电压足够的情况下可使用初次升弓装置应急升弓。应急升弓前应先报告信号楼值班员,得到允许后,司机首先应按下控制柜中初次升弓按钮FRB,当风压升到一定压力时,再按压升弓按钮升弓。受电弓升起后,恢复按钮FRB,并确认网压表显示网压正常。确认ATI屏显示空气压缩机工作状态正常,当风压打到一定压力时,其余受电弓即自动升起。

当总风缸压力不足,且车载蓄电池馈电或供电故障,不能满足正常升降弓的供电需求,无法进行应急升弓时,可采用脚踏泵进行升弓操作。

按上述步骤任何一步处理后,能够升弓时,正常出车。

2)运行中受电弓降下

(1)故障现象。

列车运行中,ATI显示列车两个受电弓全部降下,网压表网压显示为0。

(2)原因分析。

运行中列车两个受电弓全部降下,多是由于列车发生紧急制动、受电弓控制断路器跳闸等原因引起。

(3)故障应急处理。

确认两端司机室紧急制动按钮的状态,若被按下,将其恢复后,重新按压升弓按钮尝试升弓。故障消除后,继续运营。

如重新按压升弓按钮后故障仍存在,检查激活端司机室受电弓控制断路器PANCN的状态。若跳闸,闭合后按压升弓按钮尝试升弓,如受电弓生气且不再跳闸,则运行到终点站退出服务,如出现断路器 PANCN 合不上闸或反复跳闸现象,则请求救援。若未跳闸,换端按压升弓按钮尝试升弓。如受电弓可以升起,换前端驾驶运行到终点站退出服务;如无法升起,报告行车调度员请求救援。

(4)注意事项及要点总结。

一个受电弓降下时,列车以单个受电弓维持运行,进站停车后,重新按压升弓按钮尝试升弓,如故障消除,继续运营。如故障仍存在,检查相应 Mp 车受电弓控制断路器 PANCN 的状态,如跳闸则闭合,若闭合后正常则继续运营;如未跳闸或闭合无效,运行到终点站退出服务。

7.5　其他故障处理

7.5.1　列车车钩连挂解钩故障

城市轨道交通地铁车辆采用全自动车钩,能够实现机械、电气、气路的自动连接、解钩功能。在平直轨道上,一列车以小于 5km/h 速度开向另一静止的列车就可以实现两列车的自动连挂,也可以通过操纵副司机台上的解钩按钮进行自动解钩。

(1)故障现象。

①两列车连挂正常,但解钩时在其中一列车操作解钩按钮时解钩正常,在另一列车操作解钩按钮时两列车车钩机械、电气均解不开。

②两列车连挂正常,解钩时在其中一列车操作解钩按钮时解钩正常,在另一列车操作解钩按钮时两列车电气部分不能解开。

③两列车连挂正常,解钩时在一列车操作解钩按钮时解钩正常,在另一列车操作解钩按钮时本列车电子钩头盒盖不能自动转回或转回较慢。

(2)原因分析。

车钩解钩故障直接影响车钩的连挂功能,给列车运营带来安全隐患。造成解钩故障的主要原因有以下四个方面:

①解钩电磁阀故障。

如一列车全自动车钩解钩电磁阀故障,则本列车解钩管路无风,解钩风缸不动作,机械钩头钩板不动作,导致车钩机械部分不能自动解钩,车钩也不能实现电气自动解钩,从而造成两列车连挂正常,解钩时在一列车解钩正常,在另一列车不能解钩的故障。

②解钩风管漏泄。

列车全自动车钩解钩风管连通主风管,且连挂的两列车全自动车钩主风管、解钩风管相连通,如图 7-4 所示。如一列车全自动车钩解钩电磁阀与止回阀 G 间的解钩风管漏泄,在本列车上按下解钩按钮,则连挂的两列车解钩风管压力下降,通向双向阀 F 的压力也随之下降,控制电子钩头风缸 E 动作的方向阀 J 和 H 仍会处于连挂状态位置,电子钩头不动作,从而造成两列车连挂正常,解钩时一列车解钩正常,另一列车不能解钩的故障。

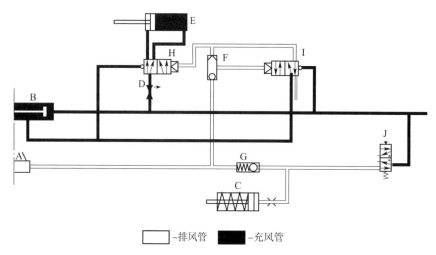

图 7-4 连挂位置

A-解钩风管连接；B-主风管连接；C-解钩风缸；D-球形塞门；E-电子钩头用风缸；F-双向阀；G-止回阀；H-驱动电子钩头操作装置用方向阀；I-控制解钩操作的方向阀；J-司机室内的解钩按钮

③止回阀故障。

连挂的两列车，如其中一列车全自动车钩止回阀故障（双向导通）在本车按下解钩按钮后，两列车解钩正常，如图 7-5 所示。在与其相连的列车上按下解钩按钮，解钩风管压力空气则通过故障列车的止回阀 G 排气，解钩风管压力下降，通向双向阀 F 的压力减小，控制电子钩头风缸 E 动作的方向阀 J 和 H 仍处于连挂状态位置，电子钩头不动作，从而造成连挂的两列车一列车解钩正常，而另一列车不能解钩的故障。

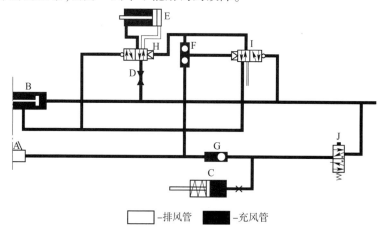

图 7-5 解钩位置

A-解钩风管连接；B-主风管连接；C-解钩风缸；D-球形塞门；E-电子钩头用风缸；F-双向阀；G-止回阀；H-驱动电子钩头操作装置用方向阀；I-控制解钩操作的方向阀；J-司机室内的解钩按钮

④双向阀故障。

连挂的两列车，如其中一列车双向阀 F 故障，在本车按下解钩按钮后，解钩风管压力空气通过双向阀时，因双向阀故障（脏堵）压力空气不能推动控制解钩操作的方向阀 J 动作，J 仍处于连挂状态位置；主风管一部分压力空气通过控制解钩操作的方向阀 J 的排气孔通向大气,驱动电子钩头操作装置用方向阀 H 没有压力空气推动也不动作,仍处于连挂状态位置,电子钩头风缸 E 不动作,从而发生在一列车按下解钩按钮,本列车电子钩头盒盖不能自动转回或转回较慢的故障。

(3)故障应急处理。

①按下故障列车解钩按钮,察听主风管连接 B 及解钩风管连接 A 接口风声,如风声较正常小,且电子钩头盒盖转动缓慢,则查找解钩风管是否漏风。

②按下故障列车司机室内解钩按钮,检查车钩能否实现机械自动解钩,如不能,则为解钩电磁阀故障,更换解钩电磁阀。

③如果两列车连挂正常,解钩时在一列车解钩正常,在另一列车不能解钩,且副司机台下部处有漏气声,则判定有漏气声的列车或能按下本车解钩按钮能实现两列车自动解钩的列车为故障车,检查并更换此故障列车的止回阀。

④如果两列车连挂正常,解钩时在一列车解钩正常,在另一列车解钩后电子钩头盒盖不能立即合上,则电子钩头盒盖不能立即合上的列车为故障车。首先检查球形塞门 D 是否处于开通位;然后检查方向阀 H 及 J 功能是否正常:连挂时检查电子钩头盒盖是否能打开,如电子钩头盒盖能打开,则 H 功能正常,同时检查 J 是否有排气声,如 J 排气孔有排气声,则 J 功能正常;再检查双向阀的功能,松开双向阀与 H 及 J 的管路接口,检查是否有脏堵。

(4)注意事项及要点总结。

针对以上车钩解钩故障,建议采取以下措施,以解决或减少车钩解钩故障:

①检修人员加强日常检修,及时发现管路漏泄和解钩电磁阀的故障。

②在车辆定期检修时,对车钩控制装置的阀类进行重点清洁、检查,防止因为阀类脏堵而导致解钩故障。

③列车进行年检作业后,与准备进行年检的列车进行连挂、解钩试验,可以及时了解、检验列车的解钩功能,发现解钩故障可及时处理,防止给列车运营带来不良影响。

④对阀类存在易脏堵问题,向制造厂家提出在车钩控制装置阀类(如控制解钩操作的方向阀、驱动电子钩头操作装置用方向阀、双向阀、止回阀)的设计上采用防止脏堵结构的意见,从设计结构上避免频繁发生解钩故障。

7.5.2 司机室无法激活

司机在进行列车操纵前,首先要通过启动开关闭合蓄电池常规负载供电接触器,使蓄电池向全列车 DC 110V 电路供电,这一过程称为列车激活。列车激活后,列车进入蓄电池预备模式,可以进行司机台解锁、升弓、闭合高速断路器和进一步的驾驶操作。为方便司机操作,在任意一端司机室都能进行列车激活;当列车激活后,在任意一端司机室都能进行列车关闭操作。此外,在激活列车的同时,还要对列车连挂状态进行检查,一旦列车连挂状态存在故障,不允许激活列车。列车激活故障原因及故障处理方法如下:

(1)闭合列车激活继电器,蓄电池电压表显示 0V。列车激活电路及蓄电池电压表由永久负载线供电,若闭合列车激活开关时,蓄电池电压表显示 0V,很可能是两端司机室设备柜的"永久负载"微型断路器因过载而同时跳闸,可将其复位后重试(原理上合上一端则可)。若再度发生跳闸,则需要检查永久负载电路有无过载、接地。

（2）激活开关时，电压表显示电压低于 85V。由于蓄电池电压低于 85V 时，无法向永久负载以后的 DC 110V 负载供电，造成列车无法激活。因此，当蓄电池电压表显示电压低于 85V 时，需要启动有气无电或无气无电升弓程序，升弓后，紧急蓄电池充电机紧急启动，当电压大于 85V 时，再进行常规列车激活操作。

（3）闭合列车激活开关时电压表有显示，但放手后电压表显示不能保持。电压表显示不能保持，说明列车激活和列车激活 A 继电器不能进入自持状态，可能的原因如下。

①激活端 C 车半自动车钩行程开关未压接好，其中一个半自动车钩形成开关未断开，造成半列车解编继电器得电，列车激活无法启动。在确认安全的前提下，可将 C 车微型断路器断开，使列车解编继电器无法得电，将其联锁旁路。

②车端连接器或半自动车钩电连接异常造成列车激活回路开路，使列车激活继电器无法进入自持状态。此时，可在确认安全的前提下，闭合"车钩监视旁路"开关，将列车激活回路旁路，强行激活列车。若仍然无法激活，在紧急情况下请示行调同意后，闭合非激活供电铅封旋钮开关，进行紧急供电。

7.5.3 主控制器钥匙故障

主控制器钥匙是一个机械锁，用作激活操纵台，设有"开""关"两个位置。为了防止可能产生的误操作，主控制器钥匙与司机控制器的主控手柄、方向手柄之间设有机械联锁装置。主控制器手柄和方向开关均在"0"位时，主控钥匙才能在"关"位插入或取出。在列车另一端操纵台没有激活的情况下，"开"位可激活本端操纵台。

实际运用中，主控制器钥匙故障多是由于机械原因导致的卡位故障，经常发生在列车正线运营过程中。涉及需转动主控钥匙进行故障复位操作，即重新激活列车时，主控钥匙发生卡位无法转动常见故障现象以及应急处理措施如下：

（1）主控钥匙卡在"开"位无法转动。

①重新开合操作端控制柜中司机室激活断路器（CABN）进行故障复位，然后维持列车运行，到终点站退出服务。

②列车在折返线换端时，如故障发生在驶入折返线端司机室，司机应断开故障端司机室激活断路器（CABN）后，换端操纵，运营一个单程到终点退出服务；如故障发生在驶出折返线端，司机正常驾驶列车运营一个单程到终点站，退出服务。

主控钥匙卡在"开"位需换端时，换端前应将故障端司机室激活断路器（CABN）断开。

（2）主控钥匙无法插入锁孔或卡在"关"位无法转动到"开"位。

①如列车在区间发生该故障，报告行车调度员申请救援，到前方车站清客后退出服务。

②如列车在站台发生该故障，清客后报告行车调度员申请换端操作，推进运行退出服务。

③如列车在折返线换端时发生故障，司机向行车调度员汇报并立即退出服务。

④主控要是无法插入锁孔时，司机可以换一把主控要是尝试操作。

（3）主控钥匙可以转动但无法激活操纵台。

重新旋转主控钥匙，如有效操纵台被激活，则可继续运营。尝试 3 次后依旧无效时可进行如下操作。

①查看司机室激活断路器（CABN）是否跳闸，若跳闸则进行复位；重新旋转主控钥匙，如

有效操纵台被激活,继续运营。

②若未跳闸或跳闸无法复位时,如列车在区间,申请救援到前方车站,清客后退出服务。如列车在站台,清客后申请换端,推进运行退出服务。如列车在折返线,向行车调度员汇报,立即退出服务。

(4)主控钥匙无法拔出但可以正常转动。

主控钥匙无法拔出但可以正常转动时,保持列车正常运营。

(5)主控制器钥匙断裂故障。

①钥匙断裂在打开位,则运营至终点退出运营。

②钥匙断裂在断开位,若车站有存车线,使用另一个司机室进入存车线,若没有则等待救援。

实训任务一　车门控制及相关信息指示检查

1)实训目标

(1)掌握 ATO 或 ATP 保护下的人工驾驶模式开门程序;

(2)掌握其他模式下的开门程序;

(3)掌握自动驾驶模式下的关门程序;

(4)掌握人工驾驶模式下的关门程序;

(5)掌握列车车门信息颜色显示状态;

(6)能够及时发现列车车门故障并快速处理。

2)工具与器材

模拟舱、乘务员钥匙、手电筒、对讲电台。

3)实训步骤——列车车门开门控制程序

ATO 或 ATP 保护下的人工驾驶模式下:

(1)列车停稳;

(2)ATP 将允许开门按钮 LR 点亮;

(3)停在准确位,ATO 发出开门指令;

(4)管理系统发出持续 3s 的音频信号;

(5)开门指示灯闪烁;

(6)门打开;

(7)DDU 显示图标变为黄色;

(8)门关到位灯熄灭;

(9)关门按钮灯变为红色。

其他驾驶模式下:

(1)列车停稳;

(2)ATP 不会将按钮灯 LR 点亮;

(3)停在准确位 ATO 不会发出开门指令,需要手动操作;

(4)管理系统发出持续 3s 的音频信号;

(5)开门指示灯闪烁;

(6)门打开;

(7) DDU 显示图标变为黄色；

(8) 门关到位灯熄灭；

(9) 关门按钮灯变为红色。

4) 实训步骤——列车车门关门控制程序

自动驾驶模式下：

(1) 根据需要关门，按下相应区域的关门按钮；

(2) 管理系统发出持续 3s 的音频信号；

(3) 所有门关到位灯点亮，关门按钮灯熄灭，DDU 图标显示黑色；

(4) 司机按下起动允许按钮，列车起动。

人工驾驶模式下：

(1) 根据需要关门，按下相应区域的关门按钮；

(2) 管理系统发出持续 3s 的音频信号；

(3) 所有门关到位灯点亮，关门按钮灯熄灭，DDU 图标显示黑色；

(4) 司机将驾驶主手柄向前推到牵引区，列车起动。

5) 实训步骤——列车车门信息颜色显示状态

列车车门信息颜色显示状态见表 7-1。

表 7-1 列车车门信息颜色显示状态

车门位置及状态	显示信息图标颜色	车门位置及状态	显示信息图标颜色
门处于打开位置	黑色	门防夹	深蓝色
门处于关闭位置	底色	门紧急解锁	浅蓝色
门故障	红色	门切除	黄色

6) 考核与评价标准

本任务考核与评价标准见表 7-2。

表 7-2 车门控制及相关信息指示检查任务考核与评价标准

任务一：车门控制及相关信息指示检查			
任务说明	教师按考核内容对学生逐一进行考核		
班级		姓名	
学习小组		考核时间	
序号	考核标准	分值	得分
0(准备)	规定着装、发型标准、服装标准	5	
1	ATO 或 ATP 保护下的人工驾驶模式开门控制	10	
2	其他模式下的开门控制	10	
3	自动驾驶模式下的关门控制	10	
4	人工驾驶模式下的关门控制	10	
5	检查表示车载 ATP 状态信号显示屏	5	
6	检查表示列车停靠位置对位图标	5	

续上表

序号	考核标准	分值	得分
7	检查表示列车门使能信息或零速信息是否给出"门允许"灯	5	
8	检查表示开门方向的"门选向"开关	5	
9	检查车门控制电路电源 DC 110V 电压表	5	
10	检查表示操作按钮电源的 DC 24V 电压表	5	
11	检查表示车门控制电源是否闭合的保险开关	5	
12	能够及时发现列车车门故障并作出快速处理	10	
13	做好乘客服务,有为乘客做好解释的意识	5	
14	《电动列车运行故障记录单》填写正确,字迹工整	5	

指导教师意见：

任务完成人签字： 日期： 年 月 日

指导教师签字： 日期： 年 月 日

实训任务二 车辆制动功能检查及故障处理

1）实训目标

(1)掌握车辆制动功能日常检查程序；

(2)掌握紧急制动按钮试验方法；

(3)掌握停放制动功能试验；

(4)掌握司机室制动系统自检功能的使用；

(5)掌握制动压力指示表标准读数；

(6)能在规定时间内熟练完成车辆制动系统的检查；

(7)培养一丝不苟的工作态度和快速准确的工作能力。

2）工具与器材

车辆检修专用工具、手电筒、防护用具、对讲电台。

3）实训步骤——列车制动功能检查程序

(1)紧急制动按钮试验:方向手柄置"向前"位,按压紧急制动按钮,确认制动缸由 0.14MPa 上升到 0.22MPa(气压值不同的车型略不同)。按压受电弓"升"按钮,受电弓不能升起。恢复紧急制动按钮,确认制动缸风压降至 0.14MPa。

(2)停放制动试验:按压"停放制动缓解"按钮,停放制动"缓解"绿色指示灯亮,"施加"红色指示灯灭,列车运行状态灯"蓝色"指示灯灭,列车停放制动解除。要求主风缸压力不低于 0.5MPa(车型不同气压要求基本相同)。

(3)常用制动试验:方向手柄置"前"位,按压主控手柄"警惕"按钮("警惕"按钮反弹力应适宜且作用良好)由"零"位推向"牵引"区,制动缸压力下降至零,伴有排气声,气制动

"缓解"绿色指示灯亮,气制动"施加"红色指示灯灭,列车空气制动解除。

松开主控手柄"警惕"按钮,气制动压力上升至约0.15MPa,气制动"施加"红色指示灯亮,气制动"缓解"绿色指示灯灭。

再次按压"警惕"按钮,空气制动解除,气制动"缓解"绿色指示灯亮,气制动"施加"红色指示灯灭。

主控手柄自"牵引"区拉至"零"位,气制动压力上升至约0.15MPa,列车气制动施加(保压制动)。

主控手柄自"零"位拉向"全制动"区,制动缸压力随手柄的位移逐渐上升,最高约0.22MPa。

主控手柄自"全制动"区推回至"零"位,制动缸压力下降至约0.15MPa,伴有排气声。

方向手柄置"后"位,重复上述试验。

(4)快速制动试验:主控手柄自"零"位快速拉至"快制"位,制动缸压力上升至约0.26MPa。

主控手柄置"制动"区气制动不能缓解,气压保持0.26MPa,推至"零"位后制动缸压力下降至约0.15MPa。

方向手柄置"后"位,重复上述试验。

4)考核与评价标准

本任务考核与评价标准见表7-3。

车辆制动功能检查及故障处理任务考核与评价标准　　　　表7-3

任务二:车辆制动功能检查及故障处理				
任务说明	教师按考核内容对学生逐一进行考核			
班级		姓名		
学习小组		考核时间		
序号	考核标准		分值	得分
0(准备)	穿着工作服,佩戴防护用具		5	
1	进入司机室,检查车辆制动系统自检功能是否正常		10	
2	进行"紧急制动"按钮试验		10	
3	检查制动压力指示表读数是否正常		5	
4	试验停放制动施加、缓解按钮是否可实现施加和缓解停放制动		10	
5	检查制动压力指示表读数是否正常		5	
6	按照操作步骤进行"常用制动功能"试验		10	
7	检查制动压力指示表读数是否正常		5	
8	按照操作步骤进行"快速制动"试验		10	
9	检查制动压力指示表读数是否正常		5	
10	能够及时发现列车制动系统故障并快速故障处理		15	
11	做好乘客服务,有为乘客做好解释的意识		5	
12	《电动列车运行故障记录单》填写正确,字迹工整		5	

续上表

指导教师意见:			
任务完成人签字:	日期:	年	月 日
指导教师签字:	日期:	年	月 日

实训任务三　列车辅助电源系统检查及故障处理

1）实训目标

（1）掌握列车日常辅助电源系统的检查要点；

（2）能在规定时间内准确完成辅助电源系统的检查；

（3）能够判断辅助电源系统部件状态是否正常；

（4）能够对辅助电源系统故障进行故障处理；

（5）培养认真细心的工作态度和快速准确的执行能力。

2）工具与器材

车辆检修专用工具、手电筒、防护用具、对讲电台。

3）实训步骤——列车辅助电源系统的日常检查要点

（1）检查辅助电源装置箱体外部有无损伤，检查固定螺栓有无松动现象，连接有无破损、防水装置是否良好；

（2）检查辅助逆变器控制逻辑部安装是否牢固、接线有无松动、各板卡插线是否良好，光缆有无压折；

（3）检查接触器灭弧罩的安装状态是否正常，内部应无烧损突起物，主触点接触面无烧蚀；

（4）检查温度传感器安装状态是否正常，检查蓄电池控制接触器、扩展供电接触器接线及外观是否良好；

（5）检查功率单元的散热片表面清洁。

4）考核与评价标准

本任务考核与评价标准见表7-4。

列车辅助电源系统检查及故障处理任务考核与评价标准　　　表7-4

任务三：列车辅助电源系统检查及故障处理				
任务说明	教师按考核内容对学生逐一进行考核			
班级		姓名		
学习小组		考核时间		
序号	考核标准		分值	得分
0（准备）	穿着工作服，佩戴防护用具		5	
1	检查辅助电源装置箱体外部有无损伤		10	

续上表

序号	考核标准	分值	得分
2	检查固定螺栓有无松动现象,连接有无破损、防水装置是否良好	10	
3	检查辅助逆变器控制逻辑部安装是否牢固、接线有无松动、各板卡插线是否良好,光缆有无压折	5	
4	检查接触器灭弧罩的安装状态是否正常	10	
5	检查温度传感器安装状态是否正常	10	
6	检查蓄电池控制接触器、扩展供电接触器接线及外观是否良好	10	
7	检查功率单元的散热片表面是否清洁	10	
8	能够及时发现辅助电源系统故障并快速故障处理	20	
9	做好乘客服务,有为乘客做好解释的意识	5	
10	《电动列车运行故障记录单》填写正确,字迹工整	5	

指导教师意见:

任务完成人签字: 日期: 年 月 日

指导教师签字: 日期: 年 月 日

实训任务四　列车升弓及牵引动态试验与故障处理

1)实训目标

(1)掌握列车升弓及牵引动态试验前准备工作;

(2)能够按照程序进行列车升弓试验;

(3)能够按照程序进行列车牵引动态试验;

(4)能在规定时间内熟练完成试验并对故障情况进行分析处理;

(5)培养一丝不苟的工作态度和快速准确的工作能力。

2)工具与器材

模拟舱、乘务员钥匙、手电筒、对讲电台。

3)实训步骤——列车升弓试验

(1)确认主风缸风压大于0.3MPa(该车型升弓最低气压要求,出库气压为0.6MPa)。

(2)确认地沟及走行部附近无人作业后鸣笛。

(3)按压受电弓"升"按钮后,确认:

探身司机室外,观察该端受电弓正常升起;

受电弓"升"按钮绿色指示灯亮;

受电弓"降"按钮红色指示灯灭;

蓄电池电压约为110V。

4)实训步骤——列车牵引动态试验

(1)合高速断路器,确认主断"分"红色指示灯灭,主断"合"绿色指示灯亮,网压显示在1000～1800V;

(2)方向手柄置"前"位,主控手柄推向"牵引"区,但不得超过20%;

(3)待客车刚移动,立即将主控手柄拉回"制动"区100%处,列车停车;

(4)列车显示屏应无故障显示。

动车试验前应确认本班全体乘务员处于安全区域及客车车体下部无人作业。

5)考核与评价标准

本任务考核与评价标准见表7-5。

列车升弓及牵引动态试验与故障处理任务考核与评价标准　　表7-5

任务四:列车升弓及牵引动态试验与故障处理			
任务说明	教师按考核内容对学生逐一进行考核		
班级		姓名	
学习小组		考核时间	
序号	考核标准	分值	得分
0(准备)	规定着装、发型标准、服装标准	5	
1	合蓄电池开关,检查蓄电池电压表,电压应大于93V	10	
2	激活驾驶台,下按升弓按钮,升起受电弓	10	
3	升弓后,检查蓄电池电压表,电压应在110～120V	10	
4	检查主风缸压力,应大于0.7MPa	10	
5	合高速断路器,确认主断"分"红色指示灯灭,主断"合"绿色指示灯亮,网压显示在1000～1800V	10	
6	方向手柄置"前"位,主控手柄推向"牵引"区,但不得超过20%	10	
7	待客车刚移动,立即将主控手柄拉回"制动"区100%处,列车停车	10	
8	检查列车显示屏应有无故障显示	10	
9	能够及时发现列车牵引系统故障并快速故障处理	10	
10	《电动列车运行故障记录单》填写正确,字迹工整	5	
指导教师意见:			
任务完成人签字:		日期: 年 月 日	
指导教师签字:		日期: 年 月 日	

实训任务五　司机室功能检查与故障处理

1）实训目标

（1）掌握驾驶台各指示灯、表功能；

（2）掌握驾驶台主控制器钥匙使用方法；

（3）能够操作主控手柄、方向手柄；

（4）能在规定时间内熟练完成司机室功能检查并对故障情况进行分析处理；

（5）培养一丝不苟的工作态度和快速准确的工作能力。

2）工具与器材

模拟舱、乘务员钥匙、手电筒、对讲电台。

3）实训步骤——驾驶台功能检查

（1）按试灯按钮，检查主、副司机台上各指示灯应正常亮；

（2）检查速度表灯、压力表指示灯阅读灯正常；

（3）检查钥匙开关、方向手柄、牵引手柄、警惕按钮，检查保持制动压力（压力值为0.18～0.22MPa），检查头、尾、运行灯功能正常；

（4）检查风笛功能正常；

（5）检查乘客信息系统（PIS）：司机室对客室的人工广播功能正常，列车报站和紧急广播功能正常、客室广播音量正常清晰，司机室对讲功能正常；

（6）操作方向手柄，分别置于"前"位和"后"位，检查本端头、尾、运行灯状态，要求头、尾、运行灯开启、关断逻辑正确；

（7）下按客室右门开启按钮，检查客室右门开启状态，要求客室右侧门能开启，观察有无开门速度明显过快现象；

（8）下按客室关门按钮，检查客室关门状态，要求客室右侧门能关闭，观察有无关门速度明显过慢现象。

4）考核与评价标准

本任务考核与评价标准见表7-6。

司机室功能检查与故障处理任务考核与评价标准　　表7-6

任务五：司机室功能检查与故障处理			
任务说明	教师按考核内容对学生逐一进行考核		
班级		姓名	
学习小组		考核时间	
序号	考核标准	分值	得分
0（准备）	规定着装、发型标准、服装标准	5	
1	检查主、副驾驶台上各指示灯是否正常亮	5	
2	检查速度表灯、压力表指示灯、阅读灯是否正常	10	
3	检查钥匙开关、方向手柄、牵引手柄、警惕按钮	10	
4	检查保持制动压力（压力值为0.18～0.22MPa）	10	
5	检查头、尾、运行灯功能正常	10	

续上表

序号	考核标准	分值	得分
6	检查风笛功能是否正常	10	
7	检查乘客信息系统(PIS)是否正常	10	
8	操作方向手柄,分别置于"前"位和"后"位,检查本端头、尾、运行灯状态	10	
9	下按客室右门开启按钮,检查客室右门开启状态	5	
10	下按客室关门按钮,检查客室关门状态	5	
11	能够及时发现驾驶台故障并快速处理	5	
12	《电动列车运行故障记录单》填写正确,字迹工整	5	
指导教师意见:			
任务完成人签字:		日期: 年 月 日	
指导教师签字:		日期: 年 月 日	

复习思考题

1. 分析车门打开需要的条件。
2. 单个车门关不上的可能原因有哪些?
3. 分析紧急制动不解除的可能原因。
4. 描述停放制动的解除过程。
5. SIV 故障不工作后司机需要怎么做?
6. 全车牵引无流故障应急处理注意事项有哪些?
7. 整备作业时无法升弓怎么办?
8. 主控制器钥匙的作用是什么?

单元 8　行车突发事件处理及操作

教学目标

1. 掌握列车冒进信号的处理要点和操作步骤；
2. 能够正确判断和处理列车冒进信号机的情况；
3. 掌握列车区间停车的处理方式、对应方式的处理要点和操作步骤；
4. 能够判断信号系统故障下应采用的行车闭塞法；
5. 掌握电话闭塞行车法下的操作步骤；
6. 掌握接触轨停电时的处理要点及操作步骤；
7. 掌握火灾情况下的行车处理要点及操作步骤。

建议学时

10 学时

8.1　列车冒进信号的处理及操作

8.1.1　正常情况下列车运行

地铁列车正常运行情况下，在自动闭塞区间，自动闭塞通过信号机显示红色灯光（包括显示不明或灯光熄灭）时，司机应使列车在该信号机前停车，并用列车无线调度通信设备（或鸣笛一长声）通知运转车长（无运转车长为车辆乘务员）能继续运行。列车停车等候 2 min 该信号机仍未显示进行的信号时，即以能遇到阻碍能随时停车的速度继续运行，最高不得超过 20 km/h，运行到次一信号机，按其显示的要求运行。运转车长（无运转车长为车辆乘务员）接到司机的通知后，应在列车尾部监视列车后方，发现有列车开来时，应立即投掷火炬信号，显示停车手信号并使用列车无线调度通信设备紧急呼叫，使开来的列车尽快停车。

当天气恶劣，难以辨认列车信号机显示时的行车办法应遵循如下原则：

（1）车站无空线不得承认闭塞。

(2)进站、出站、进路信号机开放后,除有危及人身或行车安全情形外,禁止关闭信号机。

(3)除车站两端设有隔开设备外,列车运行监控记录装置故障,不论任何列车都不准在车站办理相对方向同时接车(两端均为站外停车起动困难的车站除外)。

(4)除接车线末端设有隔开设备外,列车运行监控记录装置故障,不论任何列车都不准在车站办理同方向同时发接列车(两端均为站外停车起动困难的车站除外)。

(5)列车尾部标志灯光必须明亮。

(6)特、一等站以及设有两个及其以上车场的车站,应根据具体情况,制定保证安全的措施,列入《车站行车工作细则》。

8.1.2 列车冒进信号处理依据

凡是满足下列条件之一的均属于列车冒进信号:列车前端任何一部分越过固定信号显示的停车信号或规定的手信号显示地点;停车列车越过信号机或警冲标;不含因紧急情况扣车、信号突变等,致使列车采取紧急制动后越出信号机的情况。

《行车组织规则》第123条规定,列车冒进信号机或越过警冲标时的处理办法如下:

列车冒进进站(进路)信号机,以及越过出站(进路)信号机,但未越过警冲标时,司机应迅速正确地向车站值班员报告。车站值班员应派人就地确认,做记录,并按调车方式将列车领入站内或布置列车后退。如列车已越过接车线末端警冲标,司机除迅速向车站值班员报告外,应使列车及时退入警冲标内方。

如上述列车不能移动且必须接发其他列车,车站值班员应首先确认其他列车的接发车进路不受影响,再通知有关列车司机注意,并派人进行防护后,方可办理。

防止机车冒进信号必须卡死:机车乘务员必须熟知行车命令,确认行车凭证,严格按信号行车,列车进出站必须二人确认信号,严禁做影响瞭望的其他工作,信号不清要立即停车;进站停车的列车,必须遵守规定的进站速度,严格按停车位置停车;机车出段前必须试验制动机性能,作用不良严禁出段;列车在始发站和途中停车超过20mim时,必须试风。列车运行中有条件时,应调速试闸,发现异状必须立即停车;进站停车提前调速,严禁超速运行;机车出入段必须按规定检测三项设备,作用不良严禁出段,途中严禁关机;在夜间值乘的乘务员,出乘前必须在待乘室有不少于4h的休息,严禁睡眠不足和酒后出乘;要防止乘务员超劳,对连续三个夜班的乘务员要调整班次。

8.1.3 列车冒进信号的处理及操作

1)列车整列冒进出站信号机

当列车整列冒进出站信号机时,未经行车调度员允许,严禁退回站内。

若整列冒进进行信号,司机应依据行车调度员的口头指示,操作列车继续运行;同时应利用列车广播向乘客做好解释工作。

当整列冒进停止信号时,司机停车,行车调度员与车站综控员共同确认前方区间情况:若区间符合闭塞条件,可以运行,则司机利用列车广播向乘客做好解释工作,将列车运行至前方站进行乘降作业;若区间不能运行时,行车调度员应以口头命令,令司机操作列车退回站内,方法与列车退行的操作相同。

2)列车部分冒进出站信号机

当列车部分冒进出站信号机时,司机应立即利用车载电台与行车调度员联系,报告冒进的相关事项。

若冒进的为进行信号,司机接到退行命令后,按照列车退行的处理方法操作列车退回站内规定位置,同时利用列车广播向乘客做好宣传解释工作。另一方面,行车调度员通知车站做好接车准备,车站广播通告站内候车的乘客有关列车退行的注意事项,综控员向司机显示手信号,使列车退回到规定的位置。列车退回后,使出站信号机重新开放。司机在具备发车条件后,与行车调度员联系,恢复原驾驶模式运行。

若冒进的为停止信号,司机接到退行命令后,按照列车退行的处理方法操作列车退回站内规定位置,同时利用列车广播向乘客做好宣传解释工作。另一方面,行车调度员通知车站做好接车准备,车站广播通告站内候车的乘客有关列车退行的注意事项,综控员扣车、关闭出站信号机,向司机显示手信号,使列车退回到规定的位置。司机按照站台作业要求完成乘客乘降的同时,综控员与行车调度员共同确认闭塞区间空闲,与前方站综控员联系确认符合闭塞条件后,解除扣车,使出站信号机重新开放。司机在具备发车条件后,与行车调度员联系,恢复原驾驶模式运行。此时的列车到达时刻以列车退回到规定的停车位置并停稳时为准。

3)末班车的处理

末班车或乘客无返乘条件的列车冒进出站信号机时,无论是部分冒进还是整列冒进出站信号机,司机均应按照行车调度员的口头命令,操作列车退回站内规定的停车位置。

列车退回站内时,行车调度员与车站综控员应共同确认后续列车的位置,对后续列车采取相应的防护措施,保证退行列车及后续列车的安全。

8.2 列车区间停车时的处理及操作

列车在区间运行时,因自然灾害、制动失效、机车故障、断钩、牵引力不足及其他事故等种种原因,致使途中被迫停车后,不能继续运行时,司机应根据具体情况,按《铁路技术管理规程》272条规定进行处理和防护,还应用列车无线调度电话报告列车调度员和区间两端站的车站值班员,并提出救援请求或请示处理方法。

列车调度员在接到列车在区间被迫停车的报告后,要根据线路坡度情况、停车原因、列车总质量、是否影响邻线、当时有无救援条件和有关规章的具体规定等迅速地提出处理方案。具体处理方案主要包括:①列车退行;②列车救援。

8.2.1 列车退行的操作

列车退行是指使列车运行方向与列车原运行方向相反,是一种非正常情况下的操作,司机须与行车调度员或相关站综控员联系,得到准许后,方可进行。

1)列车退行的要求

列车退行须由行车调度员准许、发布调度命令后,司机才能进行,切不可私自操作。一般地,车载 ATP 系统对列车退行有距离限制,当退行的距离接近限定值时,列车会自动启动紧急制动,如果这时列车还未退至规定位置,司机需要重新建立列车安全电路,再起动列车退行。列车退行的距离限制可以被预先设置,允许各城市轨道交通企业根据线路情况作出不同规定,如北京地铁某些线路将退行距离限制为5m。

列车退行时,要求驾驶模式为"RM",这一步操作是为了切断地面信号系统对列车的控制;若有"ATC旁路"按钮,也可以通过将此按钮置于"旁路"位来切断地面信号的控制。

2)列车退行的组织与实施

(1)行车组织。

①接车站综控员确认接车线路空闲后,关闭进站信号机(显示红灯)进行防护。

②办理接车进路,广播通知站内候车乘客注意退行列车。

③列车在出站信号机后方停车,凭引导手信号进站。

④综控员向行车调度员报告接车情况。

(2)行车组织注意事项。

①若实行电话闭塞法行车,应在列车整列退回到车站后,与邻站办理取消闭塞的手续,发出电话电报号码作为取消闭塞的依据。

②预定退行的列车发出后,出站信号机应显示停车信号,须确定该列车已回到本站或已到达前方站后,方准显示绿色灯光。

(3)列车退行的操作步骤。

①司机判断(因线路原因或其他原因)列车不能继续向前运行,需从站间退回车站或从车站向区间退行时,利用车载电台或手持电台与行车调度员或综控员联系。

②获得准许后,司机通过广播向乘客播放关于列车退行的通知:"各位乘客:您好,本次列车将向车站(或向区间)退行,请您坐稳扶好,谢谢合作。"

③司机将驾驶模式转换至"RM"模式,切断地面信号系统对列车的控制,"方向选择"开关置于"后"位,以不超过15km/h的速度将列车退行至车站或区间规定位置。

8.2.2 列车救援的操作

当列车因故障在正线区间停车时,为尽快开通线路,需要开行救援列车去故障列车迫停点。救援列车连挂牵引或推送故障列车到适当的车站清人,返回车辆段,称为救援调车。区间救援指列车连挂位置在区间的救援。列车在区间救援时,须将相关线路封锁,救援列车凭调度命令和综控员手信号进入封锁区间。

1)请求救援的情况

司机在运营线上操作列车运行突遇故障或事故时,应根据当时情况正确判断是否需要请求救援,并立刻与行车调度员联系。经行车调度员授权后,司机及时判明故障部位和确定能否自己处理,如在规定时间内不能修复或不能自行处理时,应申请救援;或是判明故障可以自行修复但在规定时间内未能修复时,应立刻停止工作并处理好现场,请求救援。

一般来说,遇到下列几种情况时,司机可以请求救援:

①列车发生故障,进行处理后前方司机室仍不能牵引全列车维持运行时。

②制动系统发生故障,致使全列车不能解除时。

③电动列车发生火灾,处理后无法运行时。

④发生严重故障有危及行车安全的可能,司机认为须救援时。

2)请求救援的报告

司机根据车辆故障情况经处理不能继续运行时,应立即以列车无线电话、手持电台或其他有效方法向行车调度员或有关站综控员请求救援。

请求救援的报告内容应包括:

①列车车次、车号。

②请求救援的事由。

③迫停的时间、地点(以百米标为准)。

④是否妨碍邻线。

⑤是否需要分部救援。

⑥有无人员伤亡及其他必要说明的事项。

在线列车的救援应竭力遵循正向救援的准则,以确保其他在线列车的正常运行秩序。在确定救援列车开来方向后,行车调度员应向司机说明。

3)救援准备

故障列车司机发出救援请求、得到行车调度员关于救援的指示后,应当为列车救援做好准备。具体工作包括如下几点:

司机应尽量将列车停放在平直道上,并靠近车站停车,在等待救援列车期间不得动车。

故障列车若在坡道迫停,应做好制动防溜措施(图8-1),如打好止轮器、做好防护等。

使用列车广播设备向乘客进行广播,做好乘客安抚工作,根据行车调度员的命令决定是否进行清客。若迫停区间,须在区间与救援列车进行连挂,广播内容为:"列车故障不能继续运行,请您坐好扶牢,救援列车准备连挂救援。"

救援连挂后的列车到达车站或故障车迫停车站时,使用人工广播播放:"列车发生故障不能继续运行,请您下车换乘下次列车,谢谢您的合作。"

司机将列车制动好,按规定穿戴好防护用品,携带通信设备、司机室钥匙,必要时带好照明用品,迅速到达救援列车开来方向的司机室,打开前照灯进行防护,做好引导接车准备。

在弯道上迫停且瞭望距离不足50m时,司机应在距离救援列车开来方向50m处向救援列车显示停车手信号(图8-2),并引导救援列车与被救援列车连挂。

救援连挂后的列车到达车站或故障车迫停车站时,应按规定用语对乘客进行广播。

图8-1 防溜措施　　图8-2 停车手信号

4）列车救援过程

(1) 救援司机的工作。

救援司机在接到行车调度员关于救援的任务后,了解故障列车迫停的位置,按其指示驾驶列车按规定限速(如30km/h)前往救援地点。若救援列车是从车站派出的,应当做好清客工作和乘客解释工作,方准担任救援任务:"各位乘客,前方列车故障堵塞运行,需本次列车救援,以便尽快开通运行。为避免在救援过程中发生意外伤害,请您立即下车,等候下次列车,感谢您的合作。"若使用在区间运行的列车担当救援列车时,应在前方最近车站清客。

接近被救援列车时,一度停车,停车位置距被救援列车的距离应不小于30m。与弯道瞭望距离不足50m时,须看被救援车司机的停车手信号,在距故障车50m处停车,由被救援车司机引导,在距被救援车5m处停车,确认两车钩状态无异常。

再次起动列车,在距被救援车0.5m时再度停车,看到被救援司机给出的连挂信号后,以3km/h的速度、轻微冲击的方式连挂,进行制动机简略试验(用于证明列车制动管路连接状态和基础制动性能的试验),并试验司机室联络对讲设备,确认连挂妥当、通信良好后,方准起动列车。

起动列车时,密切观察线路和列车状态,与被救援列车司机保持联络。救援列车牵引运行时,前方进路的确认由救援列车司机负责;救援列车推进运行时,前方进路的确认由被救援列车司机负责并及时传递给救援列车司机;遇有意外情况应紧急停车。

(2) 被救援司机的工作。

做好救援准备工作,接到行车调度员关于救援列车开来方向的指示后,准备引导接车。

指示救援列车一度停车;若故障列车迫停于弯道且瞭望距离不足50m,应向救援列车司机发出停车手信号,使其按指示在距故障车50m处停车。

与救援列车司机确认可以再次起动列车,利用手势引导救援列车在距故障车5m处停车,确认连挂车钩的状态正常。

利用手势引导救援列车再次起动,缓慢靠近故障车,使其在距故障车0.5m处停车。

查看并确认两车车钩钩位对准,向救援车司机显示连挂信号,密切关注连挂过程,确保两列车准确连挂,在车钩连挂上后,给出手势。

待制动机简略试验正常后,回到司机室,与救援列车司机确认对讲设备通信良好。

运行过程中密切关注列车状态,与救援列车司机保持联络。若采用救援列车推进运行时,应不间断瞭望线路,确认信号和道岔无异物,并及时将信息通过对讲传递给救援列车司机。

(3) 连挂后的运行及注意事项。

列车连挂后,司机应及时报告行车调度员,或通过综控员(或信号楼值班员)向行车调度员报告连挂完毕。

救援列车全列进站后,司机得到行车调度员赋予的救援车次后,方可继续运行。

救援列车推进故障列车运行时,前方进路的确认由故障列车司机负责,并用联络设备通知救援列车司机;遇有危及安全的情况,须立即通知救援列车司机停车。救援列车司机在运行中要严格遵守速度规定,推进运行时速度不得超过30km/h。

已请求救援的列车不得擅自移动。故障排除不再需要救援时,应及时与行车调度员或相关站综控员联系,得到准许后方可继续运行。

需正线进行解钩作业的救援列车,当被救援列车全列在停车库线内停稳后,由救援列车及被救援列车司机共同负责将救援列车和被救援列车解钩分离,救援列车凭调度命令继续运行。

当列车在区间故障请求救援时,自行车调度员指定担当救援的列车时刻起,被救援列车所在区间即进入封锁状态。救援完毕,救援列车全列出清封锁区间后,封锁区间即解除封锁。

8.3 信号系统故障下列车运行处理及操作

在正常情况下,列车运行安全防护由 ATP 系统实现。当 ATP 严重故障,或联锁故障导致联锁区 ATP 失效时,需依赖人工保持列车的安全间隔。相邻车站行车人员以电话记录确认列车预定间隔,以路票作为行车凭证开行列车,这种行车组织方式即为电话闭塞。

电话闭塞是一种代用闭塞法,即当基本闭塞设备故障或因其他原因不能使用基本闭塞法,为保证列车运行、达到闭塞区间只有一列列车运行的目的,而临时采用的闭塞法。只有当超速防护自动闭塞法、站间自动闭塞法和进路闭塞法都没有条件使用的时候,才采用电话闭塞法。一般采用电话闭塞法的情况如下:

基本闭塞设备发生故障时;站间区间轨道电路发生故障时;ATP 地面设备故障时;基本闭塞设备不能使用时;双线区间列车反方向运行时;遇有特殊情况,列车由区间返回发车站时;站间自动闭塞法或进路闭塞法不能使用时;各运营线的联络线间开行过轨列车时。

8.3.1 电话闭塞的行车组织

实行电话闭塞法,各方人员均应严格按照闭塞要求组织行车,严防发生事故。

(1)只有在信号系统发生故障或特殊作业需要时才能使用电话闭塞法,且行车调度员必须向车站综控员及司机下达启用电话闭塞法行车的命令。

(2)实施电话闭塞法组织行车必须保证同一时间、同一站间区间,只有一列车占用。

(3)实施电话闭塞法组织行车,列车运行间隔不得低于规定时间间隔。

(4)实施电话闭塞法作业时,列车进入闭塞区间,凭综控员手信号发车。

(5)接车站必须确认接车线路空闲、区间空闲,接车进路准备妥当,进路上的道岔防护信号已开放,方可发出承认闭塞的电话记录号码。

(6)发车站发车前必须确认已收到接车站发出的承认闭塞的电话记录号码,发车进路已准备妥当,发车时刻已到。

(7)实施电话闭塞法,车站专人实施报点程序,向发车站、接车站报点;指定车站需向车调度员报点;行车调度员开始接收车站专人报点后,铺画实际运行图。

(8)在联锁设备正常的情况下,将控制权下放到车站,按照相关规定在车站综控室的控制台上办理进路;如果联锁设备失效,则采用人工手摇道岔组织行车。

(9)联锁设备失效采用人工手摇道岔作业时,须设专人进行防护,车站应根据行车计划或调度命令对影响正线行车的道岔进行人工机械加锁管制,在配合折返作业时,可不加装钩器,但操作人员需确认道岔已操作至机械锁闭位置,作业人员应进行现场监护。

(10)行车日志内应正确记录列车车次,到达、发出时刻,以及承认闭塞的电话电报号码。

8.3.2 司机操作流程

司机接到行车调度员关于电话闭塞法的行车命令后,首先应当复诵和记录调度命令,确认实行电话闭塞的站间区间范围及其他事项。

按照电话闭塞法的限制速度操作列车运行,注意瞭望线路和道岔情况,发现紧急情况立即采取相应措施并汇报行车调度员。区间分界点信号机、顺向阻挡信号机停用;遇防护信号机显示红灯时,在该信号机前停车,按引导信号的显示运行,若引导信号无显示,则与行车调度员联系,按其指示运行,通过该区段限速15km/h。

司机进站停稳列车后,需使用PSL钥匙手动打开屏蔽门,进行乘降作业。若出站信号机正常,则凭信号机的绿色或黄色灯光进入前方闭塞区间;遇站信号机因故不能开放时,司机在收到"绿色许可证"后,看到发车手信号,才能起动列车出站。如果在等待发车凭证的时候造成晚点,须向行车调度员报告。

电话闭塞下的道岔状态有可能通过人工扳动来改变,因此司机在出站时,还应贯彻执行"呼唤应答"制度,仔细确认道岔方向,防止事故发生。进入区间运行后,一定严格遵守速度规定,发现有影响行车的异常情况立即紧急制动。

实行电话闭塞法时,出站信号机以停车信号(红灯)定位,司机一旦看到出站信号机开放,就表示当前所在车站已与前方接车站办理好闭塞手续,具备了发车条件。列车凭出站显示出发,可以保证列车运行安全。同时,这也要求综控员一定要注意,在未办好闭塞手续前,一定使出站信号机置于显示停车信号的状态,否则就有可能造成未办闭塞而司机起动列车出发的事故。

闭塞办理好之后,必须在得到接车站闭塞承认号码或闭塞解除时,办理好发车进路,才能开放出站信号机发车。若出站信号机不能显示进行信号,综控员应发给司机"绿色许可证",作为列车占用区间的行车凭证,并证明闭塞手续办理妥当。当综控员将有关凭证交司机后,以发车手信号发车。当列车出发后,应及时关闭出站信号机。

8.3.3 电话闭塞注意要点

近年来,随着信号系统的不断升级和进步,城市轨道交通列车运行与操作的自动化和智能化也快速提升。但从另一方面来看,在"人-机-环"系统中,即使设备再先进,人的作用也不能被忽视;人对城市轨道交通系统中的信息处理和操纵功能,都决定着系统的安全性。因此,当信号系统被迫降级时,各方人员必须严格按照规定参与行车组织,如果有一个环节出现疏忽或问题,就有可能导致严重的、不可挽回的后果。下面总结了在实行电话闭塞法时容易出现的疏漏点,也是应杜绝的工作隐患:

(1)发车站未得到前方接车站闭塞承认就发车,造成无牌发车;
(2)车站相关人员联系不彻底,导致无牌发车;
(3)接车站未确认前次列车已开出本站,即向发车站发出闭塞承认,导致有车线接车;
(4)错办或未办发车进路(或接车进路),未锁闭道岔;
(5)未交递有关行车凭证或调度命令发车。

8.4 接触轨停电的处理及操作

8.4.1 列车供电方式

1)牵引网的组成

牵引供电系统的组成如图 8-3 所示。电能由牵引变电所经馈电线、接触网输送给机车,再由机车经钢轨、回流线回到牵引变电所。

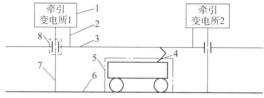

图 8-3　牵引供电系统的组成

1-牵引变电所;2-馈电线;3-接触网;4-受电弓;5-机车;6-钢轨;7-回流线;8-电分段

牵引网是由接触网、回流网、连接电缆及附属设备构成的,为机车提供动力电源的电能传输网络。接触网是牵引网的核心部分,机车通过与接触网的滑动接触获取持续的电能,接触网通过馈电线与牵引变电所连接。接触网占据了整个牵引网的绝大部分,通常也用接触网代指牵引网。

回流网可分为走行轨回流和专设回流线回流两种形式。目前,我国的城市轨道交通系统多采用走行轨式回流网。此种形式工程投资少,施工方便,但由于钢轨对地绝缘性能较差,因此泄入大地的杂散电流较多,对铁轨、邻近线路的金属管线及建筑物内的钢筋等都有一定的腐蚀性,需要做好杂散电流的防护工作。

2)接触网的特点

(1)没有备用。牵引负荷属于一级负荷,但由于接触网与机车在空间上的关系,和轨道一样无法为其设置备用线路,一旦接触网出现故障,将会导致在故障网络间运行的机车停运,整个供电区间将全线停电。

(2)经常处于动态运行状态。在接触网沿线,会有多辆机车在高速运动中从接触网上获取电能,机车受流装置(受电弓或受电靴)与接触网接触并保持一定的压力滑动摩擦运行。接触网上的电流很大且不断变化,受电弓离线产生的电弧,恶劣天气环境及大气污染,接触网长期持续地振动、摩擦、腐蚀、伸缩等动态变化,众多因素致使接触网发生故障的概率较一般电力线路要大得多。

(3)结构复杂且技术要求高。接触网的重要性与故障高发性决定了接触网的高技术要求。为了保证接触网的正常运行,必须采用较高质量的设备器材,以及众多结构复杂的保障措施。例如,在实际项目施工时,对接触网导线的高度、拉出值,定位器的坡度,接触网的弹性和均匀度等,都有明确的要求。

3)接触网的分类

接触网主要分为架空接触网和接触轨式接触网两种类型。

架空接触网的悬挂方式主要有简单悬挂、链形悬挂和刚性悬挂 3 种。采用不同悬挂方式的接触网,其所用导线的粗细、条数和张力也不相同,具体应根据供电分区中的列车速度、电流容量等输送条件及架设环境等因素综合考虑。

接触轨是沿轨道线路敷设的与轨道平行的附加轨,所以也称第三轨。机车从转向架伸出的受流器与滑靴组成受电靴,通过与接触轨接触来获取电能。受电靴与接触轨的接触方式可分为上接触式、下接触式和侧接触式。

8.4.2 接触轨停电时的处理及操作

1) 列车故障造成接触轨停电时的处理

运行中司机通过网压表发现接触轨无电,即网压为"0"时,及时将列车车次、车号,迫停时间、地点(以百米标为准),其他必要说明的事项报告行车调度员。

司机向行车调度员报告完毕后,注意将列车制动好,断开列车 BHB 开关(即母线高速断路器开关,或称母线重联开关、母线投入开关)及负载开关。

司机应穿好绝缘鞋、戴好绝缘手套、带好手持电台和手电,到车下查找故障车或接地处所,迅速检查车辆受流器、母线等处有无接地引起烟火状况。

司机判断出故障车或故障点后,向行车调度员请求停电,得到行车调度员接触轨停电通知后,司机确认接触网压为"0",立即在处理区域好接地防护,将故障车受流器全部分离。

当故障车受流器分离后,撤除接地防护。司机向行车调度员申请送电,若列车能自行起动,则维持运行至下一站立即清人掉线。列车送电前应注意 BHB 开关处于"断开"位。

当司机未确认出故障车或故障点时,可向行车调度员申请试送电,同时司机注意观察车辆情况,查找故障车或故障点。确认出故障车或故障点时,及时将情况报告行车调度员。得到行车调度员的停电通知后,司机确认接触轨网压为"0",并立即做好接地防护,将故障车受流器全部分离。撤除接地防护,向行车调度员申请送电,若列车能自行起动,则维持运行至下一站立即清人掉线。列车送电前应注意 BHB 开关处于"断开"位。

若接触轨试送电再次失败,应及时将情况报告行车调度员。得到行车调度员的停电通知后,司机确认接触轨网压为"0",迅速将全列车受流器全部分离,请求救援。

2) 受流器接地的故障处理

(1) 接地点排查。

司机发现列车网压表突然为"0"且无恢复迹象,并通过列车状态显示屏确认全列无网压后,应立即将情况报告给行车调度员,并尽可能将列车运行至前方车站停车处理。如已判断出故障点,可向行车调度员说明并做好到达前方站进行处理的准备工作。如列车无法运行至车站,应向行车调度员说明情况,在区间停车并进行处理的准备工作。

司机可通过列车出现的弧光、异味、异音、冒烟等异常现象判断列车是否存在接地点。辅助判断方法为:受流器接地后,单车 HB(High Speed Circuit Breaker,高速断路器)会因电流瞬间过大而断开,故司机应注意观察高速断路器断开状态确认接地点。

故障列车停于车站时,司机可向行车调度员申请应急司机协助处理工作。如需二次送电判断接地点,司机需等待应急司机上车后申请试送电工作,并指示应急司机观察非接触轨一侧,本务司机观察接触轨一侧的缝隙处在送电瞬间是否有异响、火光等现象;故障列车停于区间时,由司机分别确认列车两侧在试送电时有无异常。

(2)接地点处理。

司机在通过试送电判断出故障点后,向行车调度员申请列车在站清客及接触轨停电。接到接触轨已停电命令后,断开全列高速断路器,携带好所需备品,包括手电、手持电台(调整到正线组)、三角钥匙、受流器分离钩,快速到达故障列车位置。

到达故障列车后,使用车门内紧急解锁装置将故障车对应受流器的4个车门手动逐一开启,并将故障车受流器钩起(共4个)后及时恢复车门关闭状态。

司机使用内部紧急解锁手动开门时,为提高工作效率,可要求站务人员协助进行操作,如有需要可在隔离受流器时,要求站务人员协助照明及处理工作。确认故障车4个受流器全部钩起后,快速返回司机室并在途中使用手台向行车调度员申请送电。

到达司机室后,司机闭合高速断路器,并指示应急司机观察非接触轨一侧,本务司机观察接触轨一侧的缝隙处,观察送电瞬间情况。如送电成功,向行车调度员报告并听从其指示;如送电不成功,做好隔离全部受流器并救援的准备工作。

如因列车迫停区间且因车厢乘客较多,司机无法进入车厢处理故障而需进入路轨进行故障处置时,须穿戴好防护用品并报告行车调度员。在与行车调度员确认接触轨已停电,接地保护设置完毕,得到行车调度员授权后方可进入路轨进行故障处理工作。

遇受流器故障或其他原因无法隔离或无法固定在隔离位置时,司机应及时向行车调度员报告,并向行车调度员申请车辆专业人员给予技术支持。如需绳子、木棍等物品时,可向行车调度员提出要求。

(3)接地点处理注意事项。

处理受流器接地故障前,司机必须与行车调度员确认接触轨断电状态,得到授权后方可前往故障地点进行处理。

如需下路轨进行处理故障时,司机需与行车调度员确认接触轨已进行了接地保护后,方可下路轨进行处理。

列车迫停区间时,需及时使用人工广播稳定乘客情绪。

处理接地受流器时,需将手持电台调至"正线组",保持与行车调度员的通话联系。

列车迫停区间时,如客室乘客较多,司机需使用人工广播通知乘客开启紧急通风窗,维持车厢通风状态。

因每节动车受流器(4个)为串联状态,故处理中需将已接地受流器车厢下的其余受流器一并抬起后,方能完全切断接地点。

接地点受流器处理完毕后,如试送电不成功且再次出现火光、异响情况时,说明接地点仍然存在,需立即报告行车调度员听从指示,并做好隔离全部受流器(共12个)及救援准备工作。

8.5 火灾情况下的行车处理及操作

8.5.1 城市轨道交通车站火灾的特点

根据火灾发生的类型不同,可以将车站火灾类型分为站台火灾和站厅火灾两种。无论哪一种类型,车站内一旦发生火灾都具有高温高热、疏散困难和扑救困难三大特点。

1) 高温高热

一旦发生火灾,室内温度升高很快;车站内空气体积急剧膨胀,一氧化碳等有害气体的浓度迅速提高,一切可燃物产生的热量,几乎全聚集在地下建筑物内。高温和地下的聚热能力对乘客的安全疏散造成了很大的困难。

2) 疏散困难

烟气和有毒气体严重遮挡视线,使能见度大大降低。空气中含氧量下降时,人可能产生判断失误,甚至昏倒;并且热量不易散失,爆燃出现快。由于城市轨道交通车站大都建设于地下,一旦起火,乘客和工作人员疏散距离长、路径复杂。车站与地面的通道既是乘客的疏散通道,又是救火人员的扑救通道,同时也是地面与车站进行空气交换的通道,这在疏散困难的同时,对消防人员的营救也提出了挑战。

3) 扑救困难

消防员扑救困难、危害大。此外,在救火和灭火过程中,探测火情困难,无法确切知道火灾发生的部位;接近火场困难,高温、浓烟、毒气使消防人员无法接近火场;通信指挥困难,地下火场灾情只能靠人传递信息,速度慢、差错多。

8.5.2 城市轨道交通车站突发火灾应急处理

1) 车站火灾应急处理步骤

车站火灾突发时采用分等级、分阶段方式进行应急处理,如图8-4所示。

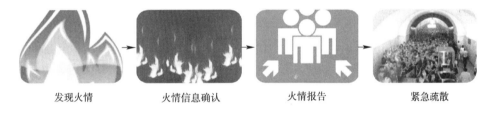

图8-4 车站突发火灾应急处理步骤

首先,发现火情。现场周边工作人员须立即疏散事发区域乘客,向车站控制室报告,使用灭火器材尝试灭火。

第二,火情信息确认、报告。值班站长或行车值班员接到或发现车站火灾信息后,立即安排人员到现场确认或向报告的工作人员询问有关情况,判断是否发生火灾。城市轨道交通车站站台站务员发现列车车厢火灾后,应立即向车站控制室行车值班员进行汇报。行车值班员立即通过CCTV对现场进行查看后立即向值班站长、OCC报告,并向报告的人员询问有关情况。值班站长收到行车值班员报告后安排客车值班员等相关人员现场确认;客运值班员接报后锁好保险箱,关好票务室,到现场查看确认。

第三,启动应急预案。根据火灾现状由值班站长决定启动各级处置级别,当事态特征明显(浓烟、火苗、爆炸)时,行车值班员有权直接启动各级处置级别。客运值班员确认火情猛烈,应立即要求行车值班员启动站台火灾环控模式,组织人员尝试灭火。同时,行车值班员立即在IBP盘启动站台火灾排烟模式,同时将情况汇报给OCC。由值班站长负责现场应急救援,立即疏散周边乘客,尝试用就近的灭火器进行扑救。

第四,现场处置。值班站长/行车值班员根据车站火灾现状引导乘客撤离,组织员工控制火情。

(1)将上下行站台乘客往站厅疏散。同时,安排厅巡准备湿毛巾放置在疏散路线旁,如有人员受伤或窒息时,安排人员救助至地面,配合医务人员对其施救。车站值班员在 IBP 盘上操作门禁紧急释放,并使用 CCTV 对站内的设备执行情况进行确认,未执行到位时站务员应立即向值班站长汇报。

(2)安排站务员现场关闭扶梯,防止发生踩踏事件;安排售票员到紧急出入口接应救援人员。

(3)然后,指定站务员检查设备区,现场确认站台火灾排烟模式是否执行成功,站台火灾排烟模式、操作闸机紧急释放(要求在 10s 内完成),播放紧急疏散广播(尽可能同步报告行调、"110"、驻站警察、"120"),确认在 PIS 相关信息公布等是否到位。

现场工作人员在事态特征明显(浓烟、火苗)的状态下,有权自主决定。当采取上述行动后,向值班站长通报。

(4)站务员携带急救箱至现场,将上行站台乘客往站厅疏散,站台疏散完毕后协助站厅疏散,厅巡负责打开员工通道后确认闸机全部开启;站务员收好票款、车票,锁好售票问讯处,分别赶往站厅两端组织乘客疏散,协助有困难的乘客离开危险区域。

(5)最后,站台人员疏散完毕后,各疏散救援人员赶往站厅协助疏散,继续阻止进站乘客和接应救援人员,在闸机、边门处指引站厅乘客由各出入口疏散。

第五,乘客疏散确认。值班站长确认乘客疏散完毕后,组织站务员关闭除紧急出入口以外的其他出入口,张贴告示;通知所有员工撤离,到紧急出入口集合,清点人数。与 OCC 留下 2 个以上联系方式后赶往指定出入口集合。各岗位人员待疏散完毕后,报告值班站长后到紧急出入口集合,清点人数。最后,值班站长关闭出入口并张贴告示,接到疏散指令立即进行撤离。

在车站火灾应急处理的过程中主要涉及 8 个行车安全岗位群,如图 8-5 所示。

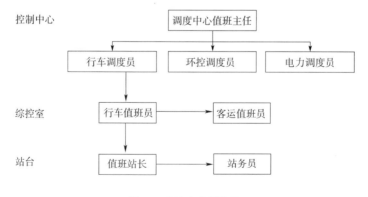

图 8-5　行车安全岗位群

2)火灾应急处置响应等级

根据火灾的严重程度、对行车组织所造成的危害和影响,车站火灾应急响应分为三个等级(表 8-1)。

火灾应急处置响应等级　　　　　　　　　表 8-1

事件处理等级	车站火灾应急处理方法	行车组织调整
一级处置	局限于火情能直观确认在小范围内,周边无可燃物品,可判定火势无法蔓延,现场烟雾较小,能立即扑灭	正常运行
二级处置	现场火势猛烈或燃烧产生的烟雾较大(含燃烧部位不明确,无法现场判断),对乘客造成影响;火情事件导致乘客恐慌,并自行疏散	不停站通过
三级处置	发生纵火、爆炸等袭击事件、火灾已蔓延至轨行区或相邻防火分区	对事发车站所在区间停运,组织小交路运行,禁止列车进入事发车站,进入区间的列车安排退回。若不能退回,则不停站通过事发车站

8.5.3　清客作业程序

1）清客的程序

何时开始清客是一项非常重要的决定,尤其是在紧急情况及车上环境急剧恶化的情况下。行车调度员与司机必须根据当时的情况采取适当行动,以确保乘客及员工的安全。

行车调度员需根据司机报告的现场情况,慎重考虑以下情况,以决定是否需要清客:

(1)事故的成因;

(2)车厢内的情况;

(3)列车何时能恢复行驶;

(4)乘客的安全;

(5)任何其他相关的因素,例如乘客恐慌。

倘若停下的列车上情况恶劣,则行车调度员可以授权司机在车站人员抵达前紧急清客。

若列车迫停在两个车站之间而没有空调已达 10min,司机必须通过广播指示乘客打开紧急通风窗,改善通风情况。打开紧急通风窗后的列车仍可继续载客,而行车调度员应在某一个适合的车站安排车站员工关好紧急通风窗。

列车紧急通风窗如图 8-6 所示。其开启过程如下:①手握通风窗扳手;②将扳手按下并向内拉。其关闭过程为:①用手推玻璃窗回原位;②将扳手扣紧并确认锁闭。

图 8-6　列车紧急通风窗

2）各岗位工作职责

(1)行车调度员的工作。

行车调度员向司机和相关站值班站长、综控员发布关于清客的调度命令后,应当对线上列车的行车组织方式进行降级:停止即将清客的轨道、乘客离开车厢后可能途经轨道的列车运行。

行车调度员组织完相关列车的运行后,告知司机清客的方向和清客时间,司机应维持手电台的正常运作,前往即将清客的一端候命,在车站员工抵达后即可开始清客。如果有需要，可与电力调度员联系关断牵引电流。

向有关的值班站长查证停下列车的确切位置，指示他们在何处清客、在列车哪一端清客，并要求做好相关的乘客安全保护措施。

在收到司机或/和值班站长关于清客完毕的报告后，行车调度员与司机确定是否所有乘客已离开车厢，是否有伤残人士留在车上；与值班站长确认所有乘客已撤离车厢及轨道。然后，要求值班站长派员工步行巡视各轨段，并确认轨段已畅通无阻。

在接获值班站长关于轨道已畅通的通知后，指示电力调度员可以给接触轨送电；指示司机将列车驶往下一站（具体驾驶模式视情况而定）。然后根据实际情况，恢复运营线路的正常运行。

（2）值班站长的工作。

值班站长在接到行车调度员关于清客的命令后，与行车调度员确认 ATS 控制台上显示的所有被停止列车的正确位置、在何处清客、在列车哪一端清客、牵引电流已关断（如有要）及其他需要进行的安全保护措施。

根据情况需要，安排关掉鼓风扇，确保隧道灯都点亮。

派一名车站员工负责执行清客程序，并指示至少一名员工陪同前往列车现场。

根据实际情况，加派员工前往任何有潜在危险的位置，提醒乘客小心安全。在清客范围内协助引领乘客，引导离开车厢的乘客经站台两端的台阶前往车站。

在接到执行清客程序的车站员工关于所有员工和乘客已离开轨道的通知后，向行车调度员报告。

在接到行车调度员要求轨道巡查的通知后，安排一名车站员工在站台前方端墙示意危险手信号，另安排两名车站员工步行前往下一个车站，以确定该区间畅通无阻。

每确定一段指定轨道畅通无阻后，都要向行车调度员汇报。

（3）司机的工作。

司机在接到行车调度员关于清客的命令后，首先应当定时通过广播系统向乘客发放有关消息，安抚乘客情绪，观察乘客的状况，发现有异常立刻向行车调度员报告。在等待清客开始的过程中，若列车停止在隧道内而没有空调已达 10min，司机必须通过广播指示乘客打开紧急通风窗，以改善车厢内的通风情况（注：牵引电流中断时，列车上的空调设备将自动关掉，电池能维持短暂的紧急通风和照明）。

根据当时列车的载客情况，估计清客的疏散速度。估计清客时的疏散速度如下：最快速度是1.5人/s经过应急疏散坡道；当轨道上有照明设备并有人引路时，每分钟约可步行50m。在照明不足、有障碍或出现恐慌的情况下，疏散时间或许会更长。

做完乘客工作后，司机为列车做好防护措施，等候在清客端司机室，放下紧急逃生门。当车站员工到达后，向乘客发布清客开始的通知，说明清客方向，请乘客有序地通过列车端部的紧急逃生门下到轨道上，在车站员工的带领下，沿着轨道前往站台。此段广播消息应定时播放。紧急逃生门打开后的疏散通道如图 8-7 所示。

在乘客下车的过程中，司机须随时观察乘客的动态，适时进行安抚，防止出现乘客恐慌，保证清客过程的正常进行。乘客全部下车完毕后，穿行列车，确保所有乘客已离开车厢，确认是否有伤残人士留在车上。确认完毕后，收回紧急逃生门。

图 8-7 列车紧急逃生通道

向行车调度员报告全部乘客已离开车厢，等待清客工作完毕、所有乘客疏散至车站、隧道区间畅通无阻后，按照行车调度员的进一步指示，操作列车到指定车站，或等待救援列车到来。

实训任务一　列车冒进信号的处理及操作

1）实训目标
(1) 正确判断列车冒进出站信号机的情况；
(2) 掌握列车冒进出站信号机的操作步骤和注意事项；
(3) 正确、及时处理列车冒进出站信号机的事故；
(4) 了解列车冒进出站信号机的行车组织。

2）工具与器材
列车驾驶模拟器、司机包、司机手杖、操纵台激活钥匙、三角钥匙、四角钥匙、手持电台、手电、口头调度命令记录单。

3）实训步骤
(1) 列车整列冒进出站信号机的处理。
①向行车调度员报告整列冒进出站信号机的情况；
②获得行车调度员的指示后，继续向前运行；
③广播通知乘客，做好解释工作。
(2) 列车部分冒进出站信号机的处理。
①报告行车调度员；
②获得准许退行的命令，进行复诵和记录；
③按退行方法操作列车；
④广播通知乘客，做好解释工作；
⑤看综控员的手信号退回到站内规定位置；
⑥具备发车条件后，与行车调度员联系，恢复原驾驶模式。

4)考核与评价标准

本任务考核与评价标准见表8-2。

列车冒进信号的处理及操作任务考核与评价标准 表8-2

任务一:列车冒进信号的处理及操作				
任务说明		教师按考核内容对学生逐一进行考核		
班级		姓名		
学习小组		考核时间		
序号		考核标准	分值	得分
考核一				
1		向行车调度员报告整列冒进出站信号机的情况	10	
2		获得行车调度员的指示后,继续向前运行	10	
3		广播通知乘客,做好解释工作	12	
考核二				
1		报告行车调度员	10	
2		获得准许退行的命令,进行复诵和记录	12	
3		按退行方法操作列车	12	
4		广播通知乘客,做好解释工作	12	
5		看综控员的手信号退回到站内规定位置	10	
6		具备发车条件后,与行车调度员联系,恢复原驾驶模式	12	
指导教师意见:				
任务完成人签字:			日期:　年　月　日	
指导教师签字:			日期:　年　月　日	

实训任务二　列车区间停车时的处理及操作

1)实训目标

(1)掌握列车区间停车可选择的处理方式;

(2)掌握列车退行的操作步骤和注意事项;

(3)能规范进行列车退行操作;

(4)正确判断列车需要退行的情况;

(5)掌握列车救援的报告事项;

(6)掌握救援列车司机的操作规范;

(7)掌握被救援列车司机的操作规范;

(8)能根据实际情况正确进行判断是否需要请求救援;

单元8 行车突发事件处理及操作

(9)能正确做好故障车的救援准备工作;
(10)能正确进行列车连挂操作;
(11)能安全、高效地合作完成列车救援过程。

2)工具与器材

列车驾驶模拟器、司机包、司机手杖、操纵台激活钥匙、三角钥匙、四角钥匙、手持电台、手提灯、列车状态记录单、故障记录单、止轮器、防护服、绝缘手套、绝缘鞋、手信号灯。

3)实训步骤

(1)列车退行。

①判断列车需进行退行;
②与行车调度员或综控员联系;
③获得准许,复诵和记录调度命令;
④广播通知乘客,做好解释工作;
⑤将驾驶模式转换至"RM",切除信号系统的限制;
⑥"方向选择"开关置于"后"位;
⑦起动列车退行,速度不超过15km/h;
⑧在出站信号机后方停车;
⑨得到凭证后,进站停车。

(2)列车救援。

①救援报告事项;
②救援准备工作;
③救援司机的操作;
④被救援司机的操作。

4)考核与评价标准

本任务考核与评价标准见表8-3。

列车区间停车时的处理及操作任务考核与评价标准　　　　表8-3

任务二:列车区间停车时的处理及操作				
任务说明	教师按考核内容对学生逐一进行考核			
班级		姓名		
学习小组		考核时间		
序号	考核标准		分值	得分
列车退行的操作运行				
1	判断列车需进行退行		3	
2	与行车调度员或综控员联系		3	
3	获得准许,复诵和记录调度命令		3	
4	广播通知乘客,做好解释工作		3	
5	将驾驶模式转换至"RM",切除信号系统的限制		3	

续上表

序号	考核标准	分值	得分
6	"方向选择"开关置于"后"位	3	
7	起动列车退行,速度不超过15km/h	3	
8	在出站信号机后方停车	3	
9	得到凭证后,进站停车	3	
救援报告事项			
1	列车车次、车号	3	
2	请求救援的事由	3	
3	迫停的时间、地点(以百米标为准)	3	
4	是否妨碍邻线	3	
5	是否需要分部救援	3	
6	有无人员伤亡	3	
7	其他必要说明的事项		
救援准备工作			
1	平直道上停车,等待救援期间不动车	3	
2	防溜措施	3	
3	乘客广播	3	
4	穿戴、携带用品和设备	3	
救援司机的操作			
1	正确接收行车调度员的救援命令	4	
2	乘客处理	3	
3	限速前往救援地点	3	
4	视救援地点掌握一度停车的位置	3	
5	再次起动,看被救援列车司机的引导停车	3	
6	看被救援列车司机的手信号进行连挂	3	
7	确认连挂妥当	3	
被救援司机的操作			
1	正确接收行车调度员关于救援工作的指示	3	
2	停车手信号	3	
3	引导救援列车在距故障车5m处停车	3	
4	查看车钩状态	3	
5	引导救援列车再次起动,在距故障车0.5m处停车	3	
6	查看车钩对准,显示连挂信号	3	

续上表

指导教师意见：			
任务完成人签字：	日期：	年 月 日	
指导教师签字：	日期：	年 月 日	

实训任务三　信号系统故障下列车运行处理及操作

1）实训目标

(1)了解电话闭塞法的使用条件；

(2)掌握电话闭塞法下的列车操作注意事项；

(3)正确判断是否具备行车条件；

(4)能安全操作列车,完成电话闭塞法下的运行。

2）工具与器材

列车驾驶模拟器、司机包、司机手账、操纵台激活钥匙、三角钥匙、四角钥匙、手持电台、手电、列车状态记录单、绿色许可证、信号旗、手信号灯。

3）实训步骤

(1)司机正确接收行车调度员的命令,进行复诵和记录；

(2)根据综控员的发车手信号进入闭塞区间；

(3)按照限制速度操作列车运行；

(4)密切瞭望线路和道岔情况；

(5)遇信号机显示红灯或无显示时,与行车调度员联系,按其指示运行；

(6)进站停稳列车进行乘降作业,注意手动开关屏蔽门；

(7)等待行车凭证：出站信号机绿灯或黄灯；"绿色许可证(路票)"和发车手信号；

(8)发车若晚点,向行车调度员报告；

(9)执行"呼唤应答"制度。

4）考核与评价标准

本任务考核与评价标准见表8-4。

信号系统故障下列车运行处理及操作任务考核与评价标准　　表8-4

任务三：信号系统故障下列车运行处理及操作				
任务说明	教师按考核内容对学生逐一进行考核			
班级		姓名		
学习小组		考核时间		
序号	考核标准		分值	得分
	电话闭塞下的运行			
1	司机正确接收行车调度员的命令,进行复诵和记录		11	

续上表

序号	考核标准	分值	得分
2	根据综控员的发车手信号进入闭塞区间	11	
3	按照限制速度操作列车运行	11	
4	密切瞭望线路和道岔情况	11	
5	遇信号机显示红灯或无显示,与行车调度员联系,按其指示运行	11	
6	进站停稳列车进行乘降作业,注意手动开关屏蔽门	11	
7	等待行车凭证:出站信号机绿灯或黄灯;"绿色许可证"(路票)和发车手信号	11	
8	发车若晚点,向行车调度员报告	11	
9	执行"呼唤应答"制度	12	

指导教师意见:

任务完成人签字: 日期: 年 月 日

指导教师签字: 日期: 年 月 日

实训任务四 接触轨停电的处理及操作

1)实训目标

(1)掌握接触轨停电后的报告内容和处理要点;

(2)掌握接触轨送电失败后的应急处理措施;

(3)能正确判断接触轨停电的情况;

(4)能正确向行车调度员汇报相关情况;

(5)能按规定穿戴防护用品,到车下检查受流器。

2)工具与器材

列车驾驶模拟器、司机包、司机手账、操纵台激活钥匙、三角钥匙、四角钥匙、手持电台、手电、列车状态记录单、绝缘鞋、绝缘手套、快速分离器、止轮器。

3)实训步骤

(1)通过网压表观察到接触轨是否有电,有电则正常,无电则需要进行处理。

(2)若无电,需要报告行车调度员,报告内容包含:列车车次、车号,迫停时间、地点(以百米标为准),以及其他必要说明的事项。

(3)将列车制动,确保列车制动好。

(4)穿戴好绝缘手套、绝缘鞋,断开母线高压断路器开关及负载。

(5)带上手持电台和手电下车,查找故障车、接地处所;检查受流器、母线情况。

(6)判断出故障点后请求停电,停电后确保确认接触轨网压为"0"。

(7)做好接地保护,将故障车受流器分离。

(8)撤除接地防护,申请送电,送电成功,将列车运行至下一站清人掉线,送电失败,分离全部受流器,请求救援。

4)考核与评价标准

本任务考核与评价标准见表8-5。

接触轨停电的处理及操作任务考核与评价标准　　表8-5

任务四:接触轨停电的处理及操作			
任务说明	教师按考核内容对学生逐一进行考核		
班级		姓名	
学习小组		考核时间	
序号	考核标准	分值	得分
1	通过网压表观察到接触轨无电		
2	报告行车调度员列车车次、车号	11	
3	报告行车调度员迫停时间、地点(以百米标为准)	11	
4	报告行车调度员其他必要说明的事项	11	
5	将列车制动好	11	
6	断开母线高压断路器开关及负载	11	
7	穿戴好绝缘鞋、绝缘手套	11	
8	带上手持电台和手电下车	11	
9	查找故障车、接地处所;检查受流器、母线情况	11	
10	判断出故障点后请求停电	11	
11	确认接触轨网压为"0"	1	
12	做好接地保护,将故障车受流器分离		
13	撤除接地防护,申请送电		
14	送电成功,将列车运行至下一站清人掉线		
15	送电失败,分离全部受流器,请求救援		
指导教师意见:			
任务完成人签字:		日期:　年　月　日	
指导教师签字:		日期:　年　月　日	

实训任务五 火灾情况下的行车处理及操作

1）实训目标

（1）具备车站火灾后的应急处理协调能力；

（2）检验学员对应急信息报告传递的掌握情况；

（3）掌握列车清客作业的执行程序；

（4）能按规定穿戴好防护用品，到车下检查受流器；

（5）能在非正常情况下与其他岗位工作人员合作完成乘客运输工作。

2）工具与器材

列车驾驶模拟器、司机包、司机手账、操纵台激活钥匙、三角钥匙、四角钥匙、手持电台、手电、调度命令记录单、扩音器、止轮器。

3）实训步骤

（1）及时发现火情；

（2）启动环控设备；

（3）停靠列车；

（4）乘客清退。

4）考核与评价标准

本任务考核与评价标准见表8-6。

火灾情况下的行车处理及操作任务考核与评价标准　　　　表8-6

任务五：火灾情况下的行车处理及操作			
任务说明	教师按考核内容对学生逐一进行考核		
班级		姓名	
学习小组		考核时间	
序号	考核标准	分值	得分
站台清客司机的处理			
1	向行车调度员汇报情况	6	
2	收到行车调度员关于清客的授权	6	
3	广播通知乘客关于清客的消息	6	
4	打开列车车门	6	
5	不间断广播清客通知和注意事项	6	
6	完成列车清客	6	
区间清客司机的处理			
1	向行车调度员汇报情况	6	
2	收到行车调度员关于清客的授权	6	
3	广播通知乘客关于即将清客的消息	6	

续上表

序号	考核标准	分值	得分
4	若等待清客开始的时间过长,广播指示乘客打开紧急通风窗	7	
5	为列车做好防护,放下清客端司机室的紧急逃生门	6	
6	等待车站协助员工到达,定时广播通知清客开始,说明注意事项	7	
7	关注清客过程中乘客的状态,保证清客过程顺利	6	
8	穿行列车,确保所有乘客都下车	7	
9	收回紧急逃生门	6	
10	向行车调度员报告全部乘客都离开列车,等待指示	7	

指导教师意见:

任务完成人签字:　　　　　　　　　　　　　　　　　　　日期:　　年　　月　　日

指导教师签字:　　　　　　　　　　　　　　　　　　　　日期:　　年　　月　　日

 复习思考题

1. 简述列车整列冒进出站信号机的处理与操作。
2. 列车区间停车时应如何处理及操作?
3. 简述请求救援的报告包含的内容。
4. 简述电话闭塞的注意要点。
5. 简述行车调度员决定列车是否清客的条件。

参 考 文 献

[1] 谭复兴,高伟君.城市轨道交通系统概论[M].北京:中国水利水电出版社,2007.
[2] 张喜.城市轨道交通信号与通信概论[M].北京:北京交通大学出版社,2012.
[3] 林瑜筠.城市轨道交通信号设备[M].北京:中国铁道出版社,2006.
[4] 王丽红,陈晓宏.城市轨道交通电动列车驾驶[M].北京:人民交通出版社股份有限公司,2018.
[5] 王霆.城市轨道交通行车组织[M].北京:机械工业出版社,2017.
[6] 蔡海云.城市轨道交通电动列车驾驶[M].北京:人民交通出版社股份有限公司,2018.
[7] 张耀宁.城市轨道交通车辆驾驶[M].北京:中国铁道出版社,2017.
[8] 姜春霞,史富强.城市轨道交通列车驾驶[M].上海:上海交通大学出版社,2018.
[9] 毛昱洁.城市轨道交通电动列车驾驶[M].北京:机械工业出版社,2015.
[10] 闫国强.城市轨道交通电动列车驾驶[M].上海:上海科学技术出版社,2016.
[11] 上海申通地铁集团有限公司轨道交通培训中心.城市轨道交通电动列车驾驶[M].北京:中国铁道出版社,2010.
[12] 连义平.城市轨道交通安全管理[M].2版.成都:西南交通大学出版社,2017.
[13] 陈波.地铁车站大客流组织措施[J].都市快轨交通,2015(3):20-23.
[14] 季令,郎茂祥.铁路运输政策与法规[M].北京:中国铁道出版社,2012.
[15] 林保球.铁路企业管理人员必备知识读本[M].北京:中国铁道出版社,2002.
[16] 李劲.浅谈列车脱轨事故的监控预防[J].铁道物资科学管理,2006(4):33-34.
[17] 刘彦敏.列车脱轨事故原因及救援措施分析[J].工程技术,2015(5):246.
[18] 李宇辉,蒋玉锟.城市轨道交通应急处理[M].北京:人民交通出版社,2011.